芯 路

——一书读懂集成电路产业的现在与未来

冯锦锋　郭启航　著

机械工业出版社

本书着力阐述了全球半导体产业和技术的发展历史，解读和评析了各个国家和地区的产业政策，展现了产业博弈的残酷与精彩，并对我国半导体产业发展做出系统性的思考。本书共7篇，第1篇以半导体产业发展历程入手，介绍了一些基本概念、产业发展简史以及五大应用场景，也全景展现了半导体产业链。第2篇介绍了半导体产业发源地美国的相关产业和技术历史，并对其创新机制和对外策略进行了探讨。第3篇刻画了日本从零开始登上全球半导体王座的精彩历程，对美、日半导体争端和日本如今半导体产业竞争力进行深入剖析。第4篇展现了欧洲聚焦发展半导体优势领域的前因后果，重点描述了光刻机传奇。第5篇着重阐述了韩国如何后来者居上，通过存储器这一单项产品成为全球半导体产业不可忽视的重要力量。第6篇描述了我国半导体发展的艰辛历程、核心技术发展现状以及部分优势领域情况。第7篇全面分析了我国半导体产业发展的挑战，总结了日本、韩国、新加坡等半导体强国的经验教训，并从多个角度阐述了合作共赢是我国半导体产业发展的永恒主题。

本书适合于半导体产业的从业者、产业政策的制定者，以及有兴趣投身或了解半导体产业的人士阅读参考。

图书在版编目（CIP）数据

芯路：一书读懂集成电路产业的现在与未来/冯锦锋，郭启航著. —北京：机械工业出版社，2020.7（2025.1重印）

ISBN 978-7-111-65999-0

Ⅰ. ①芯… Ⅱ. ①冯…②郭… Ⅲ. ①集成电路产业-产业发展-研究-中国 Ⅳ. ①F426.63

中国版本图书馆CIP数据核字（2020）第123692号

机械工业出版社（北京市百万庄大街22号　邮政编码100037）
策划编辑：任　鑫　责任编辑：任　鑫
责任校对：肖　琳　封面设计：马精明
责任印制：邓　敏
三河市宏达印刷有限公司印刷
2025年1月第1版第12次印刷
148mm×210mm·8.625印张·1插页·238千字
标准书号：ISBN 978-7-111-65999-0
定价：59.00元

电话服务　　　　　　　　　　网络服务
客服电话：010-88361066　　　机 工 官 网：www.cmpbook.com
　　　　　010-88379833　　　机 工 官 博：weibo.com/cmp1952
　　　　　010-68326294　　　金 书 网：www.golden-book.com
封底无防伪标均为盗版　　　　　机工教育服务网：www.cmpedu.com

推荐序一

最近刚刚在清华大学五道口金融学院的线上公开课上做了一个"芯片还将伴随我们一百年"的分享,就收到学弟冯锦锋和郭启航合著的《芯路》书稿。

《芯路》比较全面地介绍了半导体产业的发展历史及在相关国家和地区迁移、扩散的过程,也从作者的视角分析了这些国家和地区的产业得失,可以帮助读者快速了解整个集成电路行业的"芯路"历程,对学者、官员、投资人和半导体产业从业人员也有一定的启示。由于在可以预见的未来,尚不会出现能完全替代集成电路的技术,所以了解芯片的前世今生对指导和做好今后的工作很有意义。

新一代信息技术,包括5G、VR/AR、超高清显示、自动驾驶、人工智能等都有赖芯片技术的持续创新。刚刚过去的2019年,逆全球化的思潮正在发酵,全球贸易受到了很大影响,一些国家实施的长臂管辖让国人对芯片重要性的认识上升到前所未有的高度。不难理解,集成电路已经成为大国间竞争的制高点,作为正在崛起的新兴大国,中国也必然将芯片技术和产业的发展列入国家战略。

信息产业的全球化使得世界各国和地区采取分工合作的模式,共同创造出为人类服务的高附加值产品。例如,手机芯片在美国设计,在我国台湾地区制造,在马来西亚封装,再与来自日本、欧洲等地的元器件一起在我国大陆完成组装。而作为信息技术的核心和基础,半导体产业更是全球协作共赢的集中体现。在这个全球化的生态环境中,美国是全球半导体产业的领头羊,其产业规模占据全球半导体产业的半壁江山;我国是世界上最大的半导体市场,且购买了近一半的美国半导体产品。《芯路》一书对代表全球95%的产能、近乎100%的产品和98%的市场的美国、欧洲、日本、韩国、中国等主要产业集聚地做了细致的介绍,让读者能够清醒地认识到我国芯片技术和产业在国际上的地位,进而对如何发展我国的芯片技术和产业进行冷静的思考。

尝试用一本书去讲清楚全球的半导体产业链无疑是一个很大的挑战,而谈论我国半导体技术和产业的发展就更需要勇气。作者展示了过去半个世纪我国半导体人波澜壮阔的奋斗史,但对于我国半导体技术和产业发展历程的描述上仍存在部分以点代面的情况,这不能不说是一种遗憾。当然,两位作者在书中对我国芯片产业的未来发展之路能够提出诸多建议也需要莫大的勇气。我个人认为应该予以鼓励和支持。尽信书则不如无书,希望读者在阅读本书的过程中,也要有甄别地消化吸收。

总而言之,对于想了解芯片行业或者有志投身于集成电路产业的人来说,《芯路》是一本不错的读物;对于相关产业从业者来讲,《芯路》也具有很好的参考价值。希望读者读后都能有所思考、有所收获,也希望有更多的读者在读过本书后能够认识和理解我国半导体事业的艰辛和不易,给予我国半导体人全力的支持。

清华大学微电子所所长　魏少军

2020年5月于清华园

推荐序二

初识冯博士,还在我 2005 年刚到上海创业时。十多年接触下来,发现这是一位很优秀的技术官员,富有钻研精神,是干一行、爱一行的典范。

我仔细拜读了冯博士和郭先生合著的《芯路》,书中有很多有价值的见解。譬如一眼看透美国总统科技顾问委员会那句"全球半导体市场从来就不是一个完全竞争的市场"是洋洋洒洒几十页报告的点睛之笔,这是正确认识全球半导体产业竞争的前提。

大家知道,集成电路产业的装备材料和集成电路的设计制造是产业发展的一对孪生兄弟,缺一不可。工欲善其事,必先利其器。随着集成电路器件尺度不断缩小,高端设备和关键材料的重要性显著提高。在《芯路》的几个章节,冯博士和郭先生特别介绍了国际半导体设备龙头企业起家和发展的过程和经验,这对于国内设备材料产业的发展很有借鉴作用。

集成电路产业的发展,依靠全球各国各地无数人智慧的集成和持续努力。任何一个国家单打独斗都不可能发展。我们必须继续坚持开放式的发展战略,尽可能地和国际上的企业合作,协同发展。但是打铁还需自身硬,我们也必须以自力更生为主,着重发展核心竞争力。正如《芯路》所言,融合发展同时掌握自己的特有本领,是发展半导体产业的正确方向。

中微半导体董事长 尹志尧
2020 年 5 月于上海

推荐序三

很高兴看到《芯路》这本书,如今在产业发展的关键阶段,此书有着重要的知识普及、思路开拓和行业探讨作用。同时,对产业人的坚持,也是很好的鼓励。

和锦锋相识多年,都身处半导体行业,我看到他在不断成长。他之前在政府做产业管理,经常跑产业一线调研,后来进入产业投资界跟我也有过多次长谈,探讨对产业动态的看法。锦锋真诚憨厚,身上有着清华学子常见的勤勉好学、朴实严谨的精神,虽然年轻却能立足产业,较理性地阐述产业形势,常有独到见解,对我也很有启发。

《芯路》讲述了半导体产业的发展历程。纵观历史,半导体对人类的影响太大了,不仅让人类走入信息社会,而且让人类的衣食住行都离不开半导体。

我是学半导体的,20世纪80年代在加利福尼亚大学伯克利分校读博,研究半导体材料与器件。毕业后加入IBM,参与了最前沿的芯片技术研发工作。后来我也做过市场,也创业做过芯片公司。2004年,我开始专注于半导体产业投资。资本对半导体行业的推动作用很重要。十几年来我投资了不少半导体公司,也帮助和见证了很多公司的成功。半导体行业的发展是渐进的,每个发展阶段都会涌现出不同的机会。要深耕产业多年,才能深刻理解半导体产业的不同阶段,并历史性地看待,保持清醒冷静的头脑,保持长期的投入。

《芯路》阐述了全球半导体产业形势和境内各领域的发展情况,评析了多家业界名企的发展历程,指出了半导体产业的精髓是创新,而且是持续创新,该产业一直在一场全球的技术和商务激烈竞争中成长。这是全世界无数产业同仁,从学术界到创业公司再到产业巨头,用多年的心血和努力,一点一滴做出来的。有伟大的突破,更多的是无数细节。《芯路》也充满对行业的敬意。

中国企业正面临占领全球科技高地的"战争",如何做得更好、引领未来、担负起历史使命和责任,这需要时间,但这也正是业界同仁共同的历史机遇。感谢两位作者的付出,芯路未必坦途,但身为半导体人,能透过小小的芯片,为人类和社会贡献力量,我们是幸运的!

华登国际董事总经理　黄庆
2020 年 5 月

推荐序四

在我提笔写这篇序的时候，想起多年来一直在琢磨的一个问题：中国芯的路究竟应该怎么走？2018年工业和信息化部批复由复旦大学、中芯国际、华虹三家单位共同发起组建国家集成电路创新中心，着力解决我国集成电路主流技术方向选择和可靠技术来源问题，为产业升级提供技术支撑和知识产权保护。我在创新中心组建中牵头做了一些具体工作，在工作中体会到，把握产业发展规律是与认准产业主流技术方向同等艰难的事情。

本书做了一个有益的尝试，试图通过分析美国、欧洲、日本、韩国四个大国（地区）的集成电路产业兴衰，发现隐藏在集成电路产业变迁背后的一些规律。本书所呈现的案例，抓住了各国与众不同的特征，并巧妙地结合我国集成电路产业面临的环境进行了不少精彩点评。

诚如作者所述，这不是一本关于集成电路技术的书籍，它的焦点在产业。集成电路产业与大家很近，我们用的电子产品都离不开它；与大家又很远，少有书籍能深入浅出地讲清楚整个集成电路产业的全貌。如今两位作者能将整个集成电路产业推到普通大众面前，自是别开生面，也构成本书一大特色。细读本书各篇各章，作者文笔流畅，内容通俗易懂，即使是第7篇政策建议部分，也能用最浅显易懂的语言给出颇有见解的意见。

乐为之序。

复旦大学微电子学院院长　张卫
2020年5月于复旦

推荐序五

我是一个"摩尔定律"的信奉者和笃行者。随着微观尺度不断向无穷小演进,各种物理量的表现方式以及度量方式都在持续地发生深刻的变化,同一个量在不同尺度下表现迥异,这让我们在感到无比兴奋的同时又极度迷茫。我二十多年的从业经历,就是在这种充满创新幻想却又无所适从的纠结情绪中度过的。

《芯路》给了我一个新的视角。从宏观的角度来看待,一切的发展又显得那么的有规律。纵观集成电路大国的成长之路,无论是研发的持续投入,资本的不断累积,还是公共平台的支撑,行业协会组织的服务,都揭示了半导体产业看似平淡但又波澜壮阔的发展图景之下的内在联系。

锦锋博士与我相识多年,我们经常一起探讨我国半导体产业的发展路径。此次著书,也是他为产业所贡献的一份力量。我也希望本书能对我国年轻一代的技术研发人员有所裨益,希望他们在微观和宏观不同的参考尺度下找寻出自身的创新之路。

上海集成电路研发中心董事长　赵宇航
2020 年 5 月于上海张江

自　序

这是一本关注集成电路产业，而不是关注技术的书。

2019年的美国对华为禁售事件，让所有的国人都清醒地意识到，我们一直引以为豪的本土集成电路产业，仍然是脆弱的、整体缺乏国际竞争力的，依旧是制约我国整个工业体系自主创新发展的根结所在。那么，全球集成电路产业究竟经历了怎样的发展历程？集成电路产业大国都选择了什么样的发展策略？我国在国际上究竟处于什么样的位置？前方的出路又在哪里呢？

所有这些问题，正是本书关注的焦点。

所有这些问题，也促使我多年来上下求索，寻求答案。

我曾经有十多年服务上海市集成电路产业的经历，工作需要从宏观层面和中观层面研究集成电路产业发展的业态和趋势，因此收获、积累了弥足珍贵的行业政策、产业规划、重大项目筹划等经验。发展改革系统是一个非常能够锻炼人的地方，我对曾一起工作和战斗过的老领导、老同事们怀有深深的敬意和感激。这些年我加深了对集成电路产业的认识，认清了只有扎扎实实做技术、做产品的团队和企业，才是我们产业的真正依托所在。所谓千里马常在，伯乐难求。2017年，我决定转型进入半导体产业投资领域，换一个方式继续服务集成电路产业。

这些年，我与国内几乎所有的一线半导体产业投资机构，以及工具、制造、设计、设备、材料、封装、测试等领域的骨干企业都打过交道。每一次的互动交往，我都有所得；每有会意，便欣然忘食。亦曾将点点滴滴记录在个人公众号，供三五好友一乐，但更多则是孤芳自赏。过去半年，不少朋友看了我与马进博士的拙作《一砂一世界——一书读懂MEMS产业的现状与未来》，希望我也能静下心来整理一下多年来对集成电路产业的思考。

自 序

专业分工和合作是集成电路产业自诞生伊始的主旋律,本书亦然。我邀请了好朋友郭启航先生共同完成本书,启航毕业于清华大学微电子所,是集成电路产业科班出身,懂技术,长期关注欧美和我国集成电路产业历史及格局,有效地使本书内容更为科学、严谨。在我们的心中,《芯路》应该是这么一本书,在娓娓道来的文字中,既有对全球集成电路技术变迁的展现和评析,更有对各个国家和地区发展集成电路产业的战略解读;既有对不同时代集成电路产业模式的比较分析,更有对今后集成电路产业发展方向的展望。它能通过细腻、风趣、精悍的文风,展现集成电路技术发展的点滴,相关国家和地区内部发展的选择,博弈的残酷与精彩,并对我国集成电路产业发展做出系统性的思考。

感谢魏少军教授、尹志尧博士、黄庆博士、张卫教授、赵宇航博士拨冗作推荐序。当前我国集成电路产业面临着重大的历史机遇,无论是国家战略层面的全方位呵护与扶持,还是高校将集成电路从二级学科上升为一级学科的窥一斑而知全豹,都让我们以更大的热情、更高的姿态去看待集成电路产业。《芯路》面向的是集成电路产业的从业者、产业政策的制定者以及其他有兴趣或投身或想了解集成电路产业的最广泛人群,衷心期待《芯路》能成为大家了解集成电路产业的案头参考书。

《芯路》广泛征求了业内十余位专家学者的意见,沈磊老师、徐秀法老师、周乃文师弟更是百忙之中进行了全文通读审校,在此致以诚挚的谢意。同时也要由衷感激家人的理解和支持,是你们提供了坚实的后盾。

书中难免存在疏漏和错误之处,皆归因于作者水平所限,诚请各位读者不吝指正。

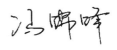

2020 年 5 月于上海

目 录

推荐序一

推荐序二

推荐序三

推荐序四

推荐序五

自序

第 1 篇　硅文明：从沙子里蹦出来的奇迹

第 1 章　半导体技术发展史 2
1.1　半导体的出现 2
1.2　集成电路诞生 4
1.3　产业走向分工 7
1.4　超越摩尔定律 10
1.5　拥抱人工智能 12

第 2 章　无处不在的半导体 16
2.1　现代人的亲密伴侣——手机 16
 2.1.1　手机中的集成电路 17
 2.1.2　手机中的分立元器件 18
 2.1.3　手机中的 MEMS 传感器 18
2.2　工作的标配——计算机 19
 2.2.1　计算机技术的突飞猛进 20
 2.2.2　数字世界与真实世界的桥梁 20
 2.2.3　性能与价格不可兼得 22
 2.2.4　摩尔定律的样板工程 23

目录

- 2.3 现代社会人们的坐骑——汽车 ... 25
  - 2.3.1 如臂使指——汽车控制芯片 MCU ... 25
  - 2.3.2 遍布全身的触觉——车用传感器 ... 26
  - 2.3.3 驭电者之歌——功率半导体 ... 27
- 2.4 高度信息化的智能制造 ... 29
  - 2.4.1 洞察一切的眼睛——智能传感器 ... 30
  - 2.4.2 万物皆可联——工业物联网 ... 31
  - 2.4.3 工厂大脑——数据中心和工控机 ... 32
- 2.5 迎接5G时代的移动通信 ... 33
  - 2.5.1 移动通信世界中的芯片 ... 33
  - 2.5.2 5G通信的关键指标 ... 34
  - 2.5.3 4G改变生活，5G改变社会 ... 34

第3章 鸟瞰半导体产业 ... 36
- 3.1 点沙成晶术 ... 36
  - 3.1.1 为什么是沙子 ... 36
  - 3.1.2 从沙到晶 ... 37
  - 3.1.3 方寸间造天地 ... 38
- 3.2 产业链全景 ... 40
  - 3.2.1 上游——中国半导体产业的阿喀琉斯之踵 ... 41
  - 3.2.2 中游——走向垂直化分工 ... 41
  - 3.2.3 下游——电子制造从大到强 ... 43
  - 3.2.4 设备、制造与设计——共同成长的孪生兄弟 ... 43

第2篇 芯安理得：成为全球半导体产业霸主的美国

第4章 追逐原始创新的硅谷 ... 48
- 4.1 传奇诞生 ... 48
- 4.2 风险资本 ... 53
- 4.3 创新引擎 ... 56

4.4	设备先行	58
	4.4.1 应用材料	58
	4.4.2 泛林科技	60

第5章 最先进技术的开拓者 62

5.1	阴差阳错	62
5.2	崭露头角	66
5.3	壮士断腕	68
5.4	奔腾时代	69
5.5	廉颇老否	71

第6章 掐住全球半导体产业的命脉 75

6.1	招招鲜——空前强大的美国半导体产业	75
6.2	踢梯子——游戏规则的制订者	78

第3篇 芯挂两头：昔日登上王座的日本

第7章 亦曾一统天下横扫六合八荒 84

7.1	晶体管时代的索尼传奇	84
7.2	集成电路时代的以市场换技术	86
7.3	官、产、学、研闷声追赶的举国模式	87

第8章 终究两份协议输掉产业先机 90

8.1	把美国逼到了墙角	90
8.2	美国敲开日本大门	93
8.3	韩国来的关键补刀	96

第9章 三张王牌依然傲视全球 99

9.1	索尼 CIS：最为明亮的眼睛	99
	9.1.1 稳坐消费电子 CIS 龙头	99
	9.1.2 要在技术十字路口选准方向	100
	9.1.3 CIS 可能决定了索尼的前程	101
9.2	半导体装备：依然强悍的躯干	102

9.2.1　半导体装备的基本体系 ················· 102
　　9.2.2　日本占据了主要地位 ··················· 102
　　9.2.3　些许遗憾，脊梁失去了生长能力 ········· 103
　9.3　半导体材料：供应全球的血液 ················ 104

第4篇　独具匠芯：稳扎稳打的欧洲

第10章　从联合创新孵化出的半导体方阵 ·············· 108
　10.1　欧洲方阵 ································· 109
　10.2　联合之路 ································· 110
　10.3　创新中心 ································· 112

第11章　汽车和工业芯片的绝对王者 ·················· 116
　11.1　手机芯片的败退 ··························· 116
　11.2　百年品牌的传承 ··························· 118

第12章　独一无二无可替代的阿斯麦 ·················· 121
　12.1　专注研发确立领先地位 ····················· 121
　12.2　牛刀小试成为行业老大 ····················· 122
　12.3　大力出奇迹的EUV光刻机 ··················· 123
　12.4　开放式创新的"不开放" ···················· 124

第5篇　戮力一芯：独树一帜的韩国

第13章　美日"半导体战争"的幸运儿 ················ 128
　13.1　较晚出发的选手 ··························· 128
　13.2　十年砸入的回报 ··························· 130
　13.3　三星的惊人逆袭 ··························· 132
　　13.3.1　驱逐英特尔 ························· 134
　　13.3.2　打趴日本存储企业 ··················· 135
　　13.3.3　与日本和欧洲的存储企业说再见 ······· 135

第14章　取代日本企业的存储巨人 ···················· 137

14.1	控制全球存储芯片的命脉	137
14.2	材料和装备高度对外依赖	138
14.2.1	硅片取得显著成效	138
14.2.2	耗材设备仍需努力	138
14.3	在产品多样化救赎的路上	139

第6篇　此芯安处是吾乡：中国自主发展的根

第15章	亦步亦趋的后来者	**142**
15.1	从无到有，产业体系初建	142
15.1.1	漂洋过海的半导体种子	142
15.1.2	自力更生实现零的突破	144
15.2	努力奋进，却越追赶越落后	146
15.2.1	半导体产业建设热潮	147
15.2.2	浅尝辄止的技术引进	147
15.2.3	举国体制的功过	148
15.3	三大战役，探索良性发展道路	149
15.3.1	"531"战略	150
15.3.2	"908"工程	154
15.3.3	"909"工程	158
第16章	砥砺前行的追赶者	**161**
16.1	制造：政策鼓励，多管齐发	161
16.1.1	独具特色的彩"虹"	162
16.1.2	两岸交织的"中芯"	164
16.1.3	先进的境外独资	166
16.2	设计：海派回归，自主创芯	167
16.3	封测：外延发展，跨越前进	169
16.4	资本：栉风沐雨，春华秋实	171
16.4.1	大基金	172

16.4.2　半导体创业投资（VC） ·················· **172**
16.4.3　半导体企业并购（PE） ·················· **173**

第 17 章　核心技术的挑战者 ·················· **176**
17.1　大硅片——起了个大早赶了个晚集 ·················· **176**
17.1.1　大硅片原理 ·················· **176**
17.1.2　起了个大早 ·················· **178**
17.1.3　赶了个晚集 ·················· **178**
17.2　光刻机——从造不如买到自主创新 ·················· **180**
17.2.1　早期的国产光刻机 ·················· **180**
17.2.2　造不如买，错过机遇 ·················· **181**
17.2.3　亡羊补牢，奋起直追 ·················· **182**

第 18 章　持续奋进的领航者 ·················· **184**
18.1　同步启航的 AI ·················· **185**
18.1.1　AI 芯片分类 ·················· **185**
18.1.2　中美同台竞技 ·················· **186**
18.1.3　我国优秀 AI 芯片企业 ·················· **187**
18.2　指纹芯片的王者 ·················· **188**
18.2.1　指纹芯片的江湖 ·················· **189**
18.2.2　从草根创业到第一次跨越 ·················· **189**
18.2.3　指纹识别领域登顶全球王座 ·················· **190**
18.2.4　未雨绸缪探索新的领域 ·················· **190**
18.3　高端刻蚀机的突破 ·················· **191**
18.3.1　微观雕刻者——刻蚀机 ·················· **192**
18.3.2　行而不辍，未来可期 ·················· **194**
18.3.3　六十年风雨兼程 ·················· **195**

第 7 篇　天下归芯：敢问中国路在何方

第 19 章　实现产业腾飞的挑战 ·················· **198**

19.1 工具：工作母机仍在萌芽 ·· 198
    19.1.1 芯片设计的工作母机 ·· 198
    19.1.2 高度垄断的供应商 ··· 199
    19.1.3 我国 EDA 在萌芽 ·· 200
19.2 制造：得制造者方能得天下 ·· 202
    19.2.1 得制造者得天下 ·· 202
    19.2.2 先进工艺 ·· 203
    19.2.3 特色工艺 ·· 204
19.3 设计：消费、工业、汽车艰难的三级跳 ··························· 206
    19.3.1 芯片设计的分类 ·· 206
    19.3.2 消费电子芯片 ·· 207
    19.3.3 工业专用芯片 ·· 208
    19.3.4 汽车电子芯片 ·· 210
19.4 封测：从量变到质变的关键 ·· 212
    19.4.1 全球封装测试的重要力量 ··· 212
    19.4.2 一只脚跨入第一梯队的门槛 ····································· 212
    19.4.3 内涵外延并重是成功之道 ·· 213
19.5 装备：制约"制造+材料+封测" ······································· 214
    19.5.1 芯片制造设备局部突破 ·· 214
    19.5.2 封装测试设备任重道远 ·· 215
    19.5.3 硅片加工设备依赖进口 ·· 216
    19.5.4 关键配套系统国际先进 ·· 217
19.6 材料：从全部依赖进口中突围 ··· 218
    19.6.1 大硅片曙光初现 ·· 219
    19.6.2 光掩膜刚刚起步 ·· 223
    19.6.3 光刻胶仍是短板 ·· 224
    19.6.4 电子特种气体国产替代先行 ····································· 225

第 20 章 半导体强国的镜鉴 ·· 227

20.1　日本：坚持-变通-不退让 ····················· 227
　20.1.1　得 ····································· 227
　20.1.2　失之一：未能拥抱行业发展趋势 ········· 228
　20.1.3　失之二：过度退让导致出路全无 ········· 230
20.2　韩国：执着-全面-要可控 ····················· 230
　20.2.1　得 ····································· 230
　20.2.2　失之一：产业链上，布局装备材料偏晚 ····· 232
　20.2.3　失之二：芯片产业上，渐失自主权 ········· 232
20.3　新加坡：集聚-培育-不放手 ··················· 233
　20.3.1　得 ····································· 233
　20.3.2　失 ····································· 234

第21章　合作共赢是永恒的主题 ················· **235**

21.1　我国的产业政策 ···························· 235
　21.1.1　国发18号文 ···························· 235
　21.1.2　上海54号文 ···························· 235
　21.1.3　三驾马车 ······························ 236
　21.1.4　弥补短板 ······························ 237
　21.1.5　尊重规律 ······························ 238
21.2　全球集成电路产业并非完全竞争的市场 ········· 239
　21.2.1　政府的定位 ····························· 239
　21.2.2　差异化的研发策略 ······················· 240
　21.2.3　协会是桥梁 ····························· 241
21.3　产业链加强协同 ······························ 243
　21.3.1　工具与设计制造的协同 ··················· 243
　21.3.2　材料与制造的协同 ······················· 244
　21.3.3　设备与制造的协同 ······················· 244
21.4　整机联动的实践 ······························ 245
　21.4.1　原理 ····································· 245

- 21.4.2 案例 …… 246
- 21.4.3 寄望 …… 247
- 21.5 共性平台的意义 …… 248
  - 21.5.1 我国境外的成功典范 …… 248
  - 21.5.2 我国境内的初步尝试 …… 250
  - 21.5.3 共性平台的方向 …… 252
- 21.6 拥抱全球一体化 …… 252
  - 21.6.1 热情请进来 …… 252
  - 21.6.2 鼓励走出去 …… 253
  - 21.6.3 选择最合适的合作伙伴 …… 254
  - 21.6.4 全球一体化下的自保之策 …… 255

第 1 篇
硅文明

从沙子里蹦出来的奇迹

> 孙猴子从石头缝里蹦出来,不需盘问它是否蹦得出来,只需信或不信。这么一个从石头里跳出来一个小小的偶然性的神灵,它任性、它胆大妄为、它有闹天宫的疯狂活力,我们所面对的不是某个被建构的必然,而是唯一先在的自然——人的无限可能。
>
> ——田耳

第 1 章　半导体技术发展史

1.1　半导体的出现

位于美国新泽西州茉莉山的贝尔实验室,可以说是我们这个星球上最伟大的研究机构(没有之一)。而半导体这个孙猴子,正是 1947 年从贝尔实验室里蹦出来的。

贝尔实验室除了研究电信技术这一控股方的主业外,它大量工作的重点,放在了基础理论研究上,覆盖了数学、物理学、材料科学、计算机编程方法论、通信原理等各方各面。正是这些基础理论的研究,开启了贝尔实验室的辉煌时代。

贝尔实验室

1945 年秋天,贝尔实验室成立了以威廉·肖克利为首的半导体研究小组。

1947 年年底,小组研制出了点接触型的锗晶体管。其时硅的提炼技术尚未成熟，锗在半导体发展的初期发挥了重要的作用。

1950年，第一只"PN结型晶体管"问世了，它的性能与贝尔实验室半导体研究小组设计的完全一致，小组成员因此于1956年获得诺贝尔物理学奖；而威廉·肖克利，则带领八才俊成立了肖克利半导体公司，后八才俊"反叛"创立了仙童半导体，开创了硅谷的传奇历史。70年后的今天，大部分晶体管仍是这种PN结型晶体管。

晶体管是现代历史上最伟大的发明之一，标志着电子工业革命的开始，人类正式步入电子信息社会。晶体管是今天一切智能电子产品的基础单元，广泛应用于手机、电视、计算机、游戏机、可穿戴设备等。

晶体管可以简单地理解为一种微型的开关，通过不同的组合设计，具有整流、放大、开关、稳压等功能，它利用电信号来控制自身的开合，而且开关速度非常快，实验室中的切换频率最高可达到每秒1000亿次以上。

晶体管是作为电子管的取代品而出现的。

全球第一台计算机是基于电子管的计算机，诞生于1946年2月14日，由美国宾夕法尼亚大学研制。它身材魁梧，占地170平方米，重达30吨，拥有17468个电子三极管、7200个电子二极管、70000个电阻、10000个电容器、1500个继电器、6000多个开关。

第一台电子管计算机埃尼艾克

IBM 公司制造了第一台使用晶体管的计算机，其计算能力有了很大的提高。它开始采用操作系统、高级语言及其编译程序，应用领域开始进入工业。相比于第一代电子管计算机，它能耗降低、可靠性提高，体积从房间大小，直接瘦身到衣橱大小，而运算速度却有数百倍的提升。

IBM 研制的晶体管计算机 7090

从电子管到晶体管，标志着半导体技术走上历史舞台，电子时代的新纪元正式拉开帷幕。

1.2 集成电路诞生

我们常说，半导体产业中有两大分支：分立元器件和集成电路。分立元器件就是具有单一功能的电路基本元器件，如晶体管、二极管、电阻、电容、电感等，单独把它们任意一个拿出来封装成元器件就是分立元器件。集成电路则是采用一定的工艺，把这些基本的电路元器件制作在一个小型晶片上，然后封装起来形成具有一定功能的单元。

第1章 半导体技术发展史

电路板上的集成电路

1958 年，德州仪器公司的杰克·基尔比（Jack Kilby，1923—2005 年）发明了锗集成电路，公司宣称研制出了一种比火柴头还小的半导体固态电路，并于 1959 年 2 月申请了专利。仙童半导体公司的罗伯特·诺伊斯（Robert Norton Noyce，1926—1990 年）虽然在 1958 年晚些时候发明了硅集成电路，但他直到 1959 年 7 月才申请专利，比基尔比晚了半年。法院后来裁定，集成电路发明专利属于基尔比，而集成电路内部连接技术专利属于诺伊斯。这个裁定是考虑到这样一个事实：基尔比的锗集成电路里面只有一个晶体管，更谈不上有连接技术。

历史证明，诺伊斯契合了集成电路的正确发展方向，因此得以开拓一番恢宏而伟大的事业。

回头看看诺伊斯的两大发明，对今天集成电路技术研究仍有显著的启发意义：其一，他选择了最合适的材料——硅；其二，他坚定不移地强化集成。现在我们都知道，只有集成才是集成电路更新换代的方向所在。诺伊斯最终成为集成电路之父、硅谷之父、仙童半导体联合创始人和英特尔创始人。

时至今日，集成电路已经超级复杂，也许一座城市都不足以形容集成电路的丰富内涵。可以简单地类比：城市里的住宅楼、饭店、工

基尔比发明的世界第一块集成电路

厂根据功能分布在居住区、商业区、工业区,就像集成电路的模拟电路模块和数字电路模块分开,处理小信号的敏感电路和切换频繁的控制电路分开,而电源需要单独放在一角一样。每栋楼根据功能不同,外形多样,房间布局各异,就像集成电路中各种形状的电路设计,比如低噪声电路中采用折叠形状或"叉指"结构的晶体管来减小结面积和栅电阻。城市里各功能区间有高速公路或羊肠小道相互连接,就像集成电路的布线,电源线、地线是公交专用通道,专线专用;时钟链路与信号链路分开,就像机动车道与非机动车道要进行隔离;CPU与存储之间的高速总线,就像城市间的高速公路,集成电路中各层通孔相连,就像楼宇里的电梯……

那么问题来了,既然分立元器件功能单一,而集成电路可以用极小的体积实现很多分立元器件的集成,为什么分立元器件至今还是半导体产业的一股重要力量呢?

因为集成电路也有劣势,为了实现元器件的高集成度,集成电路无法将其每一个部件的功能都发挥到极致。而分立元器件只需要单独考虑自身的性能发挥,少了很多外部限制,其单个元器件的性能可以做到极致,对于汽车、航空航天这些需要超高稳定性能的应用场景来说,分立元器件的简洁、高可靠性,使其不可或缺。毕竟,手机事

电路板上的分立元器件

故，也就是赔一个手机的事；汽车事故，在欧美动辄是千万美元乃至数十亿美元的罚金，这也是分立元器件在汽车行业有广泛应用的重要原因之一。当然，分立元器件足够便宜，在不需要集成电路复杂功能的环境下，分立元器件仍然广受欢迎。另外，分立元器件还可以通过模组（块）封装技术实现集成化。

现在我们可以清晰地知道，集成电路不等于半导体。但半导体在发展出集成电路后，才得以走出军工等极少数应用领域，通过计算机、手机、智能电视等应用走入千家万户。

1.3 产业走向分工

近年来，半导体产业是投资热点。不少投资人在考察调研芯片设计企业时，往往会提出一个看似非常尖锐的问题：你们对供应商（代工制造企业和封装测试企业）的单一依赖太严重了，在上市审核时会比较困难。

殊不知，这是整个集成电路设计企业的共性特征。然而，这个共性特征，也只是从20世纪80年代才出现。

在1987年之前，全球的集成电路行业都是IDM（Integrated Device Manufacturer，集成器件制造商）模式，即在企业内部完成芯片设计、生产和封装测试三个流程。英特尔、三星等巨头均采取这种模式，直至今天这两个巨头仍然是IDM的代表企业。英特尔等IDM巨头的芯片生产能力除了满足自身需求外，偶尔也向外部提供少量的芯片加工制造服务作为副业，当时市场上并没有专业的代工服务。

芯片设计是米，加工制造是锅。

持有芯片加工制造这口锅的成本非常高，芯片工厂的投资动辄数百亿元。一直以来，大家习惯了有锅的人家才有资格做饭，然后自己吃饭（通过自有的终端产品消化掉自产的芯片，譬如三星），或者对外出售做好的米饭（芯片全部销往外部客户，譬如英特尔）。锅在自家不用时，偶尔也收费借给别人做几次饭。

我国台湾地区的张忠谋先生认为这里面存在巨大商机。因为锅的成本巨大，很多人精通菜谱却苦于无锅可用，那么我为什么不能买来锅，专门租给别人做饭呢？只要我自己绝不做饭卖，那么借锅的人会非常放心，不用担心他的菜谱被我偷用。于是，1987年，张忠谋创立了全球第一家半导体专业代工厂（Foundry企业）——台积电。应该说，这是集成电路历史上，发展理念的重大飞跃。此后30多年的实践证明，专业代工厂将无晶圆厂设计企业（即Fabless企业，亦称"纯设计企业"），从之前可有可无的IDM附庸，直接提升为能与IDM企业相匹敌的主要力量。

Foundry-Fabless模式的诞生，大大降低了芯片设计的门槛，几个有经验的芯片工程师，就可以组建团队，开展芯片设计业务，然后付费给芯片代工企业加工生产，形成自主品牌产品。Fabless企业的收入规模也不断攀升，开始与传统IDM巨头同台竞技。而Foundry厂商专业的人做专业的事，集中精力加大研发投入，提高产能利用率，降低成本，也赚得盆满钵满。从笔者进行的2005—2018年的统计数据看，Foundry企业和Fabless企业的规模增速，均远超同期的IDM龙头企业英特尔。

	企业名称	2005年收入/亿美元	2018年收入/亿美元	企业规模增幅
IDM代表企业	英特尔	342	708	107%
Fabless代表企业	高通	35	217	520%
	博通	27	164	507%
	英伟达	24	117	388%
	联发科	15	79	427%
	海思	1	75	7400%
Foundry代表企业	台积电	82	411	401%
	中芯国际	12	34	183%
	华虹集团	5	16	220%

2005—2018年主要半导体企业规模增幅

那么，IDM与Fabless可以转化吗？它们之间的转化条件是什么？联发科公司CEO蔡明介曾做过评价："如果一家IDM公司的营业额超过50亿美元，我相信他们依然可以维持自己的晶圆厂，但如果是二三十亿美元以下的中型厂，恐怕就必须朝无晶圆厂（Fabless）的设计公司发展。"这句话可以理解为，如果IDM公司的营收无法维持晶圆厂的运营，不如干脆放掉，言外之意就是不得不放弃制造，成为纯设计公司。除此以外，工艺门槛也是一个重要考虑因素。MEMS（微机电系统）传感器、功率器件、模拟电路等芯片产品，电路结构设计相对简单，但对加工工艺有特殊要求，一般也采取IDM的方式进行生产。

Fabless向IDM转化也会考虑同样的因素。近年来，手机上摄像头数量急剧增加，CIS设计公司赚得盆满钵满，但也面临第三方代工产能紧张的问题。2020年初，知名CIS设计公司格科微在上海临港投资22亿美元，建设12英寸⊖CIS产线，从Fabless向IDM转变。

⊖ 1英寸=0.0254米，后同。

近年来，我国还探索了 CIDM、VIDM 等新型理念。CIDM 模式，即共享共有式设计制造，整合芯片设计、工艺开发、芯片制造、芯片封装测试，为终端客户提供高品质、高效率的产品。采用共建共享的模式，由芯片设计公司、终端应用企业与芯片制造厂商共同参与项目投资，并通过成立合资公司的形式将多方整合在一起。而 VIDM 指的是一家设计公司将产品委托给代工厂加工生产，但是代工厂将特定部分的产能专门用于满足设计公司的需要，该部分的产能不能给其他公司使用。

1.4 超越摩尔定律

1965 年，戈登·摩尔（Gordon Moore）发现了一个惊人的规律，即在芯片开发中，同样面积芯片上晶体管数量每隔 18~24 个月增加一倍。这意味着芯片的存储容量和计算能力相对于时间周期在持续呈指数式的上升。这就是指引了半导体世界超过半个世纪的摩尔定律。

摩尔定律

摩尔定律还可以从三个不同维度来观察：
1）大小维度。供应商对大小维度比较敏感，这涉及最终产品的成本能否大幅度压缩。集成同等数量晶体管的芯片,每18~24个月所需的晶圆面积缩小一半;或者,每隔18~24个月,相同尺寸硅晶圆上集成的晶体管数量将会翻倍。

2)性能维度。消费者对性能维度比较敏感,譬如游戏爱好者对台式计算机中央处理器(CPU)每年显著提速的感受,今天手机用户对手机运行速度的追求。芯片性能每隔18~24个月,就会提高一倍。

3)价格维度。用一美元所能买到的计算机性能,每隔18~24个月翻一倍。让我们用汽车行业来参照一下,看看摩尔定律惊人的降价力度。1965年价值5000美元的超级跑车,如果按照摩尔定律降价,那么2019年这辆超级跑车的价格为0.01美分。

然而,从技术的角度看,随着硅片上晶体管密度的增加,其复杂性和差错率也将呈指数增长,同时也使全面而彻底的芯片测试愈加困难。另外,一旦芯片上电路的结构尺寸缩小到一定量级时,比如1纳米以内,材料的物理性能将发生奇妙的量子效应,可能导致芯片上的晶体管无法正常工作,摩尔定律也许就会走到尽头。

2008年,美国国家科学基金会向美国政府申请了2000万美元的经费,启动了一个名为"超越摩尔定律的科学与工程(Science and Engineering Beyond Moore's Law)"的研究项目。此后,半导体行业更多地用More Than Moore(MTM)来代指超越摩尔。这也意味着集成电路产业从摩尔时代进入后摩尔时代。

从技术本质上说,超越摩尔并没有凌驾于摩尔之上。More Than Moore,更精确的表述应该是Not Moore(非摩尔),它指出了一条与摩尔定律不同的芯片工艺发展路径。如果说摩尔定律在逻辑类和存储类集成电路的发展中得到了长久的验证,那么超越摩尔则适用于更多类型的集成电路,如模拟电路、射频、图像传感器、eFlash、MEMS、IGBT等。超越摩尔,不再单纯地追求晶体管密度的提升,而是通过改变晶体管结构或加工工艺,提高集成电路的兼容性,在单个芯片上集成处理器、数模转换器、无源器件、射频单元等不同的功能模块,从另外一种途径实现芯片性能提升、成本降低。

2009 年，中国科学院王曦院士在我国提出了超越摩尔概念，并致力于推动中国在超越摩尔方向追赶欧美先进水平。本书作者之一冯锦锋博士曾参与了上海微技术工业研究院的组建工作，这是我国超越摩尔领域的重要实践者，作为一个公共服务平台更是影响了为数众多的超越摩尔领域从业企业，使我国在追逐先进工艺的同时，找到了另一条快速提高半导体产业实力的可行道路。

1.5 拥抱人工智能

早在 1950 年，图灵就发表了一篇划时代的论文，文中讨论了创造出具有真正智能的机器的可行性，并预言了真正人工智能的出现。

1956 年，达特茅斯学院（Dartmouth College，美国历史最悠久的顶尖学府）举行了第一次人工智能研讨会，讨论确立了人工智能的研究领域，这标志着人工智能研究的伊始。会议的参加者在接下来的数十年里大多成为人工智能研究的领军人物，他们中有许多人预言，经过一代人的努力，与人类具有同等智能水平的机器将会出现。大量资源被投入到人工智能研究中，以期实现这一目标。然而，研究人员们大大低估了这一工程的难度，此后人工智能在发展过程中也经历了若干次低潮。

1997 年，"深蓝"成为战胜国际象棋世界冠军卡斯帕罗夫的第一个计算机系统。2011 年，IBM 的超级计算机"沃森"参加《危险边缘》节目，在最后一集打败了人类选手。2017 年，AlphaGo 在我国乌镇围棋峰会的三局比赛中击败当时世界排名第一的我国棋手柯洁。这些成就让人工智能重新获得全世界的瞩目。然而，人工智能领域并没有发生什么算法革命，深蓝计算机的算法叫"α-β"剪枝算法；AlphaGo 采用的是"深度学习" + "蒙特卡洛搜索树"，这两个算法都是成熟算法，20 世纪 50 年代就提出来了，只是受限于当时的计算能力，没有实际用途。本质上讲，还是摩尔定律在默默地发挥作用，人工智能不断取得的这些成就主要源自于计算机性能的提高。事实上，深蓝计算机比1951年的下棋计算机快一千万倍。而AlphaGo运行在谷歌的云服务器上，拥有强大的动态计算能力，又远在深蓝计算机万倍以上。

人工智能水平的高低，涉及三个方面：算法、算力和应用。对人工智能来说，由于摩尔定律持续发挥作用，其在计算性能上的基础性障碍已被逐渐克服。接下来，就是从人工智能芯片着手，更加有效地提升效率并实现低成本的超级算力，满足各种人工智能场景的需要。

人工智能

人工智能领域有两个环节需要算力：一个是训练（training），一个是推断（inference）。训练是指通过大量的数据输入，训练出一个复杂的深度神经网络模型，类似于不断向幼儿灌输，让其脑海里深深地印记下猫和狗的认知模型。推断是指利用训练好的模型，使用新的数据去"推断"出各种结论，即让幼儿的大脑飞速运转，判断出这是狗，还是猫。

随着人工智能产业的发展，应用于人工智能的芯片也在不断升级换代。从最初的通用CPU（中央处理器），到GPU（图形处理器）、FPGA（现场可编程逻辑门阵列），到目前的专用芯片ASIC（专用集成电路），再到未来的类脑芯片，对于人工智能算法的执行效率越来越高，获得同样算力的成本也越来越低。其中CPU、GPU、FPGA都是已经被别的领域广泛应用的芯片，人工智能发展起来了以后又被应用到了人工智能领域。人工智能ASIC芯片，则是专门为实现人工智能算法特定要求而定制的芯片。在此基础上，又加入了类脑科学和技术的严谨，由此兴起了类脑芯片的开发热。类脑芯片，顾名思义，就是模拟人类大脑工作方式的芯片。类脑芯片的每个处理单元就像大脑的神经元，数据在处理单元之间传输就如同神经纤维传导生物电。芯片每个处理单元都只负责完成算法的一小部分计算，所有处理单元同步工作，减少了大量数据读取和等待的时间。类脑芯片在处理海量数据方面有极大优势，并且功耗比传统芯片更低。

2019年，清华大学施路平教授团队开发出了全球首款异构融合类脑芯片——"天机芯"（Tianjic），登上了同年8月1日Nature杂

Nature杂志，封面

志的封面。研究团队还展示了由该芯片驱动的"无人驾驶自行车"。

可见，截至目前，人工智能本身并没有颠覆集成电路产业，它更像是集成电路的一个崭新应用，推动集成电路在类脑应用方向上长足发展。

第 2 章　无处不在的半导体

2.1　现代人的亲密伴侣——手机

随着移动互联网的蓬勃发展，手机已经成为几乎每一个人的随身物品，甚至与戴的眼镜、穿的衣服一样，是必不可少的。略夸张但又得到众人认同的说法是，如果哪一天你出门忘了带手机，你会感觉自己是在裸奔！

手机是如此重要的物件，构造也较为复杂，它大概算是我们身边最常见的高科技产品了。在这么一个复杂的产品中，除了屏幕、电池、外壳等极少数组件外，其余绝大部分均为半导体器件。手机中的半导体器件，指的是那些应用于手机中的带有通信及多媒体等功能的芯片产品，譬如基带、处理器、协处理器、射频、触摸屏控制芯片、存储、网络通信芯片、电源管理芯片等，也包括形形色色的 MEMS 传感器。

智能手机中半导体器件分布

2.1.1 手机中的集成电路

手机的功能越来越丰富多样,从开始只能进行最简单的打电话、发信息,到现在成为集移动支付、游戏机、照相机、随身听于一体的多媒体智能移动终端,所有这些功能的实现,都离不开手机里越来越强大、种类繁多的芯片。

最重要的手机芯片当属应用处理器(AP),它是手机里的最强大脑和神经中枢,其性能直接决定了手机的表现。每年新手机发布会上,各大厂商都会浓墨重彩地描述自己的手机 AP 采用了哪些新技术和新工艺,比上一代 AP 强大了多少,又比友商的 AP 强大了多少。华为、苹果公司、三星等头部手机厂商通常会选择自主开发 AP,比如华为的麒麟系列、苹果公司的 A 系列、三星的 Exynos 系列,形成自己的核心竞争力,而第二梯队的手机厂商往往会为了争取高通最新款 AP 的首发进行激烈的竞争。随着手机应用功能越来越强大,对 AP 资源的需求也越来越高,我们常常发现手机用了两三年以后就开始出现信息传输不流畅和卡顿的现象,其主要原因就是 AP 的性能不足以支撑应用的需求了。不同功能的实现对处理器性能的要求也不一样,比如图像显示,就希望处理器能够快速地做一些简单的计算,擅长逻辑思考的 AP 处理起图像来只会事倍功半。因此,手机中还会有一些单独设计的协处理器,协助 AP 完成全面的手机功能,比如图像处理芯片(GPU)、音频处理芯片、人工智能芯片等。

手机的核心功能是通信,因此离不开射频芯片和基带芯片。射频芯片负责射频收发、频率合成和功率放大;基带芯片负责信号处理和协议处理。应用处理器输出的数据并不能直接向外传输,首先需要通过基带芯片进行编解码。基带芯片就像人的嘴巴,可以把大脑中所想的东西变成声音,但是嘴巴能够发出的声音很小,为了使远处的人能够听清讲话内容,通常会使用一个扩音器,这个扩音器就是射频芯片。射频芯片将信号放大,通过手机天线,就可以将信号发射到空中,再通过通信网络传输给对方。除了发射以外,射频芯片还兼有接收信号的功能,这时候它又像人的耳朵,负责把声音汇聚,经过基带芯片的解码,变成处理器可以识别的信号。

2.1.2　手机中的分立元器件

如果将手机中的应用处理器芯片(AP)、图像处理芯片(GPU)、基带芯片(Baseband)、射频芯片(RF)以及多媒体处理芯片比喻成一道大菜的主料,那么手机中的分立元器件就好比是盐和味精。有了调配合适的盐和味精,大菜才能达到和谐的境界,让色香味俱全。

手机中的分立元器件种类繁多,肩负着电源管理、数据传送、光感应、电磁保护等许多看似微小但非常必要的功能,能确保手机能够顺畅、快捷、安全地完成其各项功能。

手机中的晶体管

手机终端中的分立元器件主要包括电阻、电容、电感、晶体管等;每个分立元器件各司其职,例如手机中不同功能的电路很多,密集地封装到一起,隔直电容可以将不同电路分隔开,使其互不影响。此外,在手机终端中使用的外围元器件也多种多样,主要包括滤波器、磁控开关、天线、接插件、送话器、受话器、振动器以及传感器等。

2.1.3　手机中的 MEMS 传感器

MEMS 传感器在手机中的应用非常广泛。

MEMS 传感器在手机中的应用包含 MEMS 麦克风、惯性传感组件、相机稳定与 GPS 的陀螺仪等，应用最多的 MEMS 传感器产品是加速度计、陀螺仪与 MEMS 硅麦克风，其中加速度计是该类市场中第一大应用产品。而近期陀螺仪增长迅速，已经成为继加速度计后的第二大应用产品。MEMS 传感器在手机应用中的数量规模以及多样性，还在不断快速成长当中，例如磁传感器、指纹传感器、环境传感器、MEMS 手机摄像头等。其中手机指纹识别已经成为 MEMS 传感器的杀手级应用。

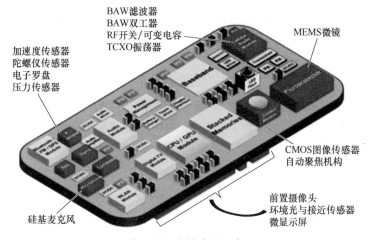

苹果手机中传感器示意

美国苹果公司于 2007 年首度将 MEMS 加速度计应用在 iPhone 中，开启了手机产业的传感器革命。iPhone 6 Plus 就使用了加速度计、陀螺仪、电子罗盘、气压计、指纹传感器、环境光与接近传感器、MEMS 麦克风和图像传感器等 MEMS 传感器。截至目前，苹果公司已拥有超过 350 项与传感器相关的发明专利，而申请内容包括触控、影像、运动、振动感测、数据运算、掉落感知及亮度感知等。

2.2 工作的标配——计算机

入职三件事：门禁、饭卡和计算机。由此可见计算机对于工作的重要性，可以说是白领一族最重要的生产工具，就像铁匠的锤子、木匠的锯，是真正吃饭的家伙。

计算机一开始并不像现在这样方便和高效。现代计算机的架构自从1945年"冯·诺依曼架构"[一]提出以后就再也没有变过，但是计算机的体积、性能、价格和功耗却发生了天翻地覆的变化，这一切都得益于快速发展的集成电路技术。可以说，集成电路技术就是为了提高计算机的性能而发明和发展的。

2.2.1 计算机技术的突飞猛进

1946年，为了计算火炮弹道，美国宾夕法尼亚大学制造了ENIAC，它通常被认为是第一台现代计算机，但是这台机器采用电子管实现逻辑单元，不仅体积巨大，占据好几个房间，而且可靠性很差，经常需要更换电子管。直到1958年，美国德州仪器公司和仙童半导体公司各自发明了半导体集成电路（IC）之后，使用晶体管替代了电子管，计算机开始遵循"摩尔定律"飞速演进，CPU上集成的晶体管数量从最初的几百个，发展到今天的几十亿个，计算机的性能提高了成千上万倍，体积缩小到一个笔记本大小，应用领域也从军事、工业等渗透到了人们生活和工作的方方面面。

2.2.2 数字世界与真实世界的桥梁

输入/输出设备是连接计算机中的数字世界和外部真实世界的桥梁，主要功能是将计算机产生的数字信号输出为真实世界中的模拟信号或者将真实世界的信息输入到计算机中。计算机的输入设备主要包括键盘、鼠标、触控面板、麦克风、摄像头、扫描仪等；输出设备包括显示器、音箱、打印机等。其中涉及的主要芯片包括模-数转换芯

[一] 根据冯·诺依曼的计算机结构，现代计算机主要由五部分组成，分别是输入设备、输出设备、存储器、控制器和运算器。

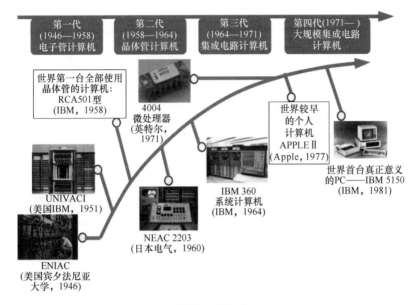

计算机的发展史

片、显示驱动芯片、信号处理芯片等。以我们常用的光电鼠标为例，其中就包含了发光二极管、光学传感器（通常是 CMOS 芯片）、信号处理芯片等半导体器件和芯片，如果是无线鼠标，还会有用于无线传输的蓝牙芯片。

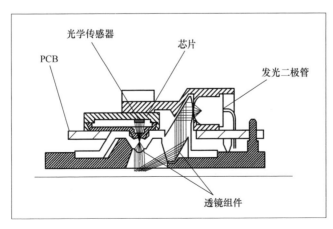

鼠标中的芯片

2.2.3 性能与价格不可兼得

存储器是计算机中用于存储数据和指令的芯片。计算机中半导体存储器一般包括只读存储器（ROM）、静态随机存取存储器（SRAM）、动态随机存取存储器（DRAM）、闪存（Flash）。

ROM 中的数据一般用户无法修改，断电时数据也不会丢失，因此，计算机厂商通常将基本的输入/输出系统（BIOS）写在 ROM 中。

SRAM 只要通电，无须刷新即可保持数据，而且读写速度极快，常用于和 CPU 交换数据。但其集成度低，功耗高，价格贵。所以计算机中 SRAM 容量不会很大，通常为几兆或者十几兆。

DRAM 就是我们通常所说的内存，它以一个晶体管和一个电容来存储 1 比特的数据，需要定期刷新电路来保持数据，速度虽然比 SRAM 慢一些，但成本也更低。为了方便扩展，厂商将多颗 DRAM 芯片颗粒焊接在内存条上，通过内存插槽连接到计算机主板。

Flash 是一种非易失性存储器，用存储单元阈值的高低来表示数据，主要采用浮栅结构，浮栅上的电荷决定了晶体管的阈值。根据存储单元连接方式的不同，闪存分为 NOR 和 NAND 两种形式：NOR 的操作类似于 SRAM 和 DRAM，可以快速读取，一般用于代码存储；NAND 的存储密度更高，多个存储单元构成存储块，NAND 的读写操作一般按照块进行，非常适合大容量的数据存储，并且具有抗振动、速度快、无噪声、功耗低等优点。尤其是随着 3D NAND 和多位存储技术的发展，单位容量 NAND 的价格快速下降，成为磁盘的强力竞争者，现在大多数的笔记本电脑已经实现全闪存（NAND）化。

磁盘（Disk）是计算机常用的一种存储，但不属于半导体器件。磁盘利用磁记录技术来存储数据，通过磁头在盘面上的快速移动来进行读写，虽然现代的磁盘通过采用充氦技术、垂直记录技术、叠瓦式磁记录技术、热辅助磁记录技术等不断提升磁盘容量，但是由于闪存技术的快速发展，磁盘在个人计算机领域的应用越来越少，退守到一

第 2 章　无处不在的半导体

DRAM 芯片和控制芯片焊接在内存条上

些需要大容量存储的专用计算机或服务器中。

2.2.4　摩尔定律的样板工程

中央处理器（CPU）是计算机的核心，其主要功能是解释并执行计算机指令，进行数据运算或控制外围设备，CPU 的规格是衡量计算机性能最重要的指标。

谈到 CPU，绕不开的话题就是"摩尔定律"，对计算机 CPU 领域的霸主英特尔来说更是如此，因为提出该定律的戈登·摩尔就是英特尔最早的两位创始人之一。同时，英特尔也一直是"摩尔定律"最忠实的信徒和践行者。过去二十年里，英特尔处理器的发展模式被称为"Tick-Tock"，就像钟摆发出的滴答声，也叫"钟摆"模式。根据这个模式，英特尔处理器一年通过制造工艺进步提高性能，即"Tick"年，一年通过架构更新提高性能，即"Tock"年，所以英特尔处理器每两年就完成一次大的架构和工艺更新,性能上也不断实现飞越。

英特尔 1971 年发布的 4004 处理器是世界上首个商用处理器。这是一个 4 位处理器,片内集成了 2250 个晶体管,最小线宽是 10 微米,主频 108 千赫兹。经过 40 多年的发展,处理器从 4 位发展到 64 位,主频从兆赫兹发展到吉赫兹,从单流水线结构到多线程结构,从单核架构走向多核架构,工艺进一步下降到 28 纳米、14 纳米、10 纳米。

世界第一款商用处理器芯片——英特尔 4004

随着工艺逐渐逼近物理极限,英特尔将处理器发展模式从"Tick-Tock"两步走,变成"工艺-架构-优化(PAO)"三个步骤。虽然工艺的提升变缓慢了,但是英特尔认为 CPU 的性能还有很多可以优化的空间,比如通过 Fin-FET 技术在最小线宽不变的情况下进一步提升晶体管数量,通过架构、指令集、分支预测等技术创新可直接提高 CPU 性能。一如诺贝尔奖得主费曼所言,就算到了原子级的领域,依然会有足够的创新之处。

2019 年,英特尔发布的第十代酷睿 IceLake 处理器,采用 64 位 10 核,最高主频为 5.1 吉赫兹,线宽仅 10 纳米,每平方毫米上集成的晶体管数量超过 1 亿个。

2.3 现代社会人们的坐骑——汽车

在现代城市里，无论出门办公还是旅游观光，经常会用到的交通工具是汽车，汽车已经渗透到人们生活的方方面面。没有任何一个国家能比中国更深刻地感受到汽车给生活带来的变化。二十年前，驾驶员还是一个令人羡慕的高端职业，但是现在驾驶已经成为生活的必备技能之一了，就像用筷子吃饭一样简单自然。

汽车已经有一百多年的发展历史，从最早的蒸汽机汽车，到内燃机汽车，再到现在如火如荼的新能源汽车，汽车中半导体器件的数量和种类也越来越多。半导体器件已经广泛应用在汽车的动力控制、车身控制、安全系统、娱乐通信、自动驾驶等方面。汽车电子在汽车整体成本中的占比，由20世纪90年代的15%，提升到目前的40%，预计到2025年，将会达到60%以上。由于汽车是载人行驶，并且需要应对各种恶劣环境，因此，车用半导体器件的可靠性和环境适应性要求比一般的消费级半导体高很多。经过上百年的发展，汽车行业已经形成一套完整的认证和评估体系，只有经过认证的厂商提供符合车载标准的产品才会被汽车主机厂商采购。通常一款新的半导体产品，从送样到认证通过，需要至少1~3年的时间，但是一旦认证通过，主机厂商也不会轻易更换供应商，这也是车用半导体供应商的重要护城河之一。

2.3.1 如臂使指——汽车控制芯片MCU

MCU就是微控制单元，它在一颗芯片上集成了计算核心、存储核心和对外接口等，就像一台完整的小型计算机，可以在不同场景下完成不同的控制功能。汽车是MCU最大的应用场景，小到刮水器、车窗升降、电动座椅调节，大到仪表盘显示、车身稳定、驾驶辅助等功能的实现，都可以看到MCU的身影。一辆汽车中至少包含70个以上的MCU芯片。

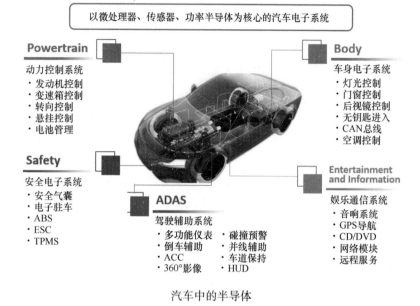

汽车中的半导体

随着 IoT、人工智能、边缘计算等技术的发展，汽车各部分的控制逻辑也越来越复杂化和智能化，对 MCU 的需求数量也越来越多，计算能力的要求也越来越高。特斯拉自主开发的自动驾驶芯片——FSD 芯片（Full Self-Driving Computer）就是一颗典型的车用 MCU，为了提高系统安全性，特斯拉做了大量冗余设计，比如一个板卡放两颗 FSD 芯片，这两颗芯片的供电和数据通路都是独立的且互为备份的。一个很有意思的想法是，这两颗芯片可以进行独立的决策运算，然后互相比对（验证），再得出最终的决策结果。

2.3.2 遍布全身的触觉——车用传感器

如果说大大小小的 MCU 是汽车的大脑，那么车用传感器就是汽车的神经元，它遍布汽车全身，负责车身状态和外界环境的感知和采集。车用传感器主要采用半导体材料和加工工艺，比如 MEMS、磁芯片、光电转换芯片等。传统的汽车传感器按照功能可以分为 8 种，分

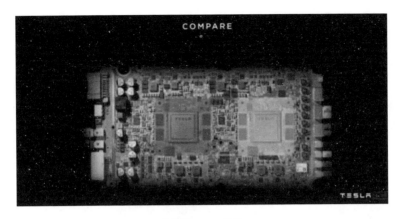

特斯拉 FSD 芯片

别是压力传感器、位置传感器、温度传感器、加速度传感器、角度传感器、流量传感器、气体传感器和液位传感器,主要用于动力系统、车身控制系统和底盘系统中,比如油箱中的液位传感器可以检测油量的多少,防抱死系统中用的加速度传感器可以检测汽车是否紧急制动,发动机供油回路中会有油压传感器以检测供油量等。

随着辅助驾驶技术的普及,汽车传感器开始向智能化发展,汽车不仅需要感知自身的状态,也需要感知周围的环境,目前常用的环境感知传感器主要包括激光雷达、毫米波雷达、超声波雷达和摄像头等。它们通常位于车辆的前后保险杠、侧视镜、驾驶室内部或者风窗玻璃上。早期的辅助驾驶技术主要应用于高端车型,随着传感器技术的成熟和成本的下降,越来越多的中低端车型也开始标配辅助驾驶技术。

2.3.3 驭电者之歌——功率半导体

2019 年 12 月,闻泰科技以 268.54 亿元完成对安世半导体 79.98% 的股权收购;2020 年 3 月,再出资 63.34 亿元将持股比例增至 98.23%。这是我国集成电路产业迄今最大的并购案,也促使闻泰科技的市值从 200 亿元暴涨至 1000 亿元以上。为何二级市场如此看

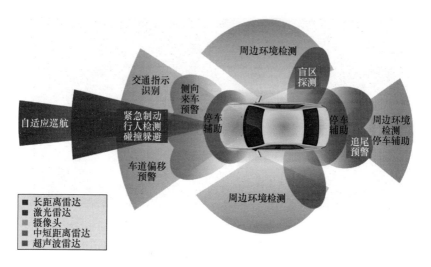

汽车辅助驾驶所需传感器

好这项交易？其中一个主要原因就是安世半导体是全球汽车功率器件的主要供应商之一，大家看重功率半导体在汽车行业中的广阔应用前景。相关数据表明，传统燃油车上汽车功率器件价值在60美元左右，而电动汽车采用的功率器件价值超过350美元，采用双电机驱动的特斯拉汽车上功率器件的价值更是高达650美元。

功率半导体主要用于控制电路开断、电压升降、交流和直流转换等，新能源汽车中为了提高效率，一般采用高压电路进行电机驱动，但也需要兼顾仪表盘、电动车窗等低压用电需求，因此需要频繁进行电压变化。汽车上用到的主要功率半导体有IGBT、MOSFET、二极管等。传统功率器件一般采用硅基的工艺，虽然价格便宜，但是在高压大电流的应用场景下，效率会有一定程度降低。第三代半导体具有禁带宽度大、漏电流低的特点，特别适合高压场景，是目前全球半导体产业发展的热门方向。

第三代半导体材料具有更宽的禁带宽度、更高的击穿电场、更高的热导率、更高的电子饱和速率和更高的抗辐射能力，因此更适合于制作高温高频、抗辐射和大功率器件，通常又被称为宽禁带半导体材料（禁带宽度大于 2.2eV），也被称为高温半导体材料。

2018 年，特斯拉 Model 3 已经把碳化硅 MOSFET 用到了其主驱动控制器上，以降低传导和开关损耗，特斯拉 Model 3 的逆变器采用了意法半导体制造的 SiC MOSFET，每个逆变器包括了 48 个 SiC MOSFET，体积比采用硅基 IGBT 的缩小 40% 以上，但效率提升 10%。

特斯拉上的 SiC 驱动模块

2.4 高度信息化的智能制造

如果说 20 世纪是工业化大生产的世纪，那么 21 世纪一定是智能制造的世纪。随着半导体技术、信息技术和人工智能的快速发展，制造业已经发生了翻天覆地的变化。全球主要工业化国家都意识到制造业在经济发展中的重要作用，为了构建全球竞争力，德国提出"工业 4.0"战略，美国提出"先进制造伙伴计划"，我国也明确了"中国制造 2025"，将智能制造作为制造业发展的核心方向。智能制造不仅是工厂内能够实现生产数据的自动采集、汇总和分析，提升生产效率，更重要的是要实现从客户需求、设计开发、销售、物流、供应商协同等全方位的信息化、网络化和智能化。而这一切的实现都离不开半导体技术的支持。

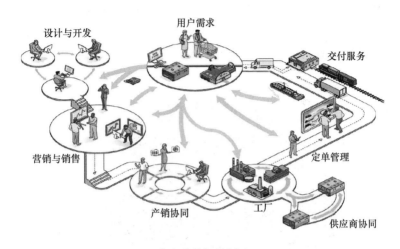

信息化的智能制造

2.4.1 洞察一切的眼睛——智能传感器

信息采集是智能制造的基础，而传感器是采集制造数据的重要途径，没有传感器，人工智能将"难为无米之炊"，智能制造也将成为空中楼阁。一个典型的智能工厂，将会采用超过 1000 个各类传感器，以采集位置、油压、温度、水位、图像等信息。为了检测产品瑕疵，通常采用机器视觉的技术，这需要用到图像传感器。定制化生产条件下每个产品都不一样，RFID（射频识别）芯片常被用于存储和识别产品信息。在产品物流过程中为了追踪产品的位置，经常采用 GPS 芯片定位。压力传感器、加速度计等可以监测生产设备的工作状态，以提前进行设备检修和维护。为了能够精确控制加工制造过程，还需要电流传感器、电压传感器、磁编码器等来形成控制闭环。仓库中的自动搬运机器人也离不开激光雷达、摄像头等环境感知传感器。可以说，智能传感器在智能制造过程中无处不在。

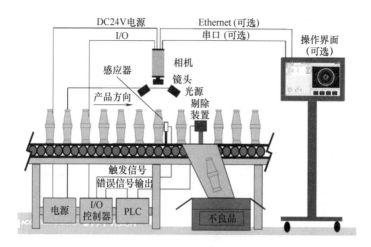

视觉传感器自动检测瑕疵产品

2.4.2 万物皆可联——工业物联网

工业物联网就像是工厂的神经网络，将采集到的生产信息，通过网络传输到数据中心或工控机，进行汇总、比对、分析、计算，再做出调控决策。信息传输无非是通过有线或者无线的方式，前者可以采用电缆、网线或者光纤，在线路两端通常需要物理接口芯片、激光发射和接收芯片、网络交换芯片等半导体元器件；后者则采用不同的无线传输技术，如蓝牙、Wi-Fi、ZigBee等，无论采用哪种无线传输技术，都需要射频收发芯片、调制解调芯片、基带处理芯片等。

传统的物联网主要连接消费类设备，而工业物联网主要连接生产资料，如果出现信息传输错误或失败，往往会造成重大经济损失或事故。因此，对于构成工业物联网的半导体芯片的可靠性、环境适应性要求很高。如果把对芯片可靠性要求从高到低排序的话，那么汽车级＞工业级＞消费级。这也是为什么我国半导体企业在消费、工业和汽车领域的市场占有率依次下降。

2.4.3 工厂大脑——数据中心和工控机

数据中心和工控机共同构成了智能制造的"大脑"。数据中心由成百上千台服务器、存储单元和网络单元构成,具有最强大的计算能力,一般用于实现对采集到的海量生产信息进行长期存储、数据挖掘、智能分析、搭建数字工厂等功能。工控机就是工业计算机,比普通计算机抗干扰性更好,能适应恶劣环境,抗振、抗摔、防尘、可长期开机使用。工控机虽然计算能力不如数据中心,但也足以应付一般的数据处理、逻辑控制、通信、设备驱动等需求。每台工控机控制一台自动化设备或一个小型生产系统,不同的工控机通过一条总线相连,从而实现数据的互相传输和共享。

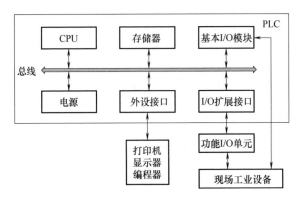

典型的工控机(PLC)结构

与普通 PC 相比,工控机的计算能力可能与之相差甚远,但是价格却经常是普通计算机的几倍甚至十几倍,其中秘密就在于"可靠性"三个字中。尤其是在高可靠性要求的工业领域,一台普通 PC 可靠性从 90% 提高到 99%,可能价格只上升了 30%,但如果从 99% 提高到 99.9%,价格有可能直接翻倍。"可靠性"三个字说起来简单,实现起来却是很有技术难度的事情,需要长期的技术积累。全球前十大工控机品牌生产企业都是德国、日本和美国企业,其中最著名的当属德国西门子。1983年，西门子的第一台工控机诞生于德国卡尔斯鲁厄，三十多年来西门子通过不断的研发、创新确立了它在工控机领域全球老大地位。

2.5 迎接5G时代的移动通信

通信网络是信息时代的高速公路，而移动通信网络则将公路直接连接到每一个人、每一件物。回顾移动通信发展历史，1G是模拟通信的时代，砖块似的大哥大是时代的标志。2G开始使用数字通信，但人与人之间的交流也只限于语音和短信。3G迎来了手机用户的大爆发，移动运营商在这一时期赚得盆满钵满。4G带来更大的带宽，手机也由通信工具变为必不可少的智能终端。而5G的到来，使数据洪流在移动网络上畅通无阻，除了带来更迅捷的体验和更大的数据容量外，还将开启物联网时代，彻底改变人类社会。

2.5.1 移动通信世界中的芯片

相隔千山万水的两个手机是怎样完成通信的呢？简单地讲，手机发出信号后，被附近的基站接收，基站后端连接着核心网，核心网将信号传至远方，再通过远方的基站发射给目标手机，完成通信。

对于基站来说，最重要的功能就是发射和接收，因此离不开数字信号处理芯片、调制解调芯片、数-模转换芯片、射频放大芯片等。为了让整个通信系统能够在统一的时间标准下运行，每个基站内都有专门的时钟芯片。为保障通信网络的安全，一般还会有安全（加密）芯片。核心网一般采用光纤进行数据传输，因此，每个基站与核心网的接口处都少不了电信号与光信号转换的模块，也就是常说的"光模块"。光模块内包含微控制芯片、激光驱动芯片、激光光源、光电二极管、跨阻放大器等。核心网的主要功能除了数据的交换和传输外，还包括用户的认证、管理、安全等，这些功能都需要运行在数据中心内，少不了CPU、存储芯片、网络交换芯片等。

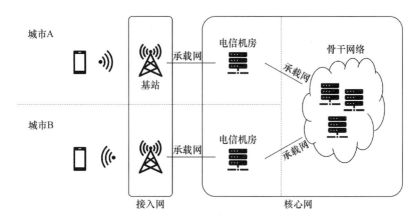

简化版移动通信网络架构

5G 时代的到来，无线通信网络将迎来又一次大规模升级。

2.5.2　5G 通信的关键指标

5G 通信有三项关键指标。第一个是增强移动宽带，5G 时代的峰值传输速率要大于 10Gbit/s，最小的传输速率也要大于 100Mbit/s，相当于 1 秒内完成一部高清电影的传输，个人与云端的海量数据可以无缝对接。第二个是海量机器通信，5G 时代每平方千米可接入的机器数量大于 100 万个，这就使得万物互联成为可能。第三个是超高可靠、低延迟通信。5G 要求通信延迟小于 1 毫秒，可靠性大于 99.999%，移动通信零中断，一方面可以将大量的数据处理转移到云端，另一方面使得移动网络进入汽车、工业等行业应用。

2.5.3　4G 改变生活，5G 改变社会

5G 是通信史上最重大的变革，实现了移动通信业务从个人应用向行业应用的转变。

对于各行各业，5G 都将带来翻天覆地的变化。对于交通运输行业，基于 5G 通信技术的车联网，将超越传统的娱乐和辅助功能，为汽车提供更高阶的道路感知和更精确的导航服务，使得自动驾驶的落

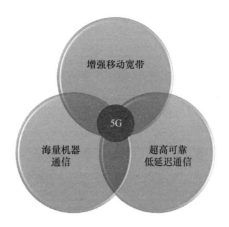

5G 通信三大关键指标

地成为可能。虚拟现实（VR）和增强现实（AR）是一项颠覆性的人机交互技术，不仅带来沉浸式的娱乐体验，也可以广泛应用于商业和工业场景中。但是，VR/AR 需要进行大量的数据传输、存储和计算，5G 网络普及后，这些复杂的计算和存储工作就可以转移到云端，VR/AR 眼镜就可以变得轻便且廉价，极大地提高普及度和使用体验。在智慧城市的建设中，5G 网络支持海量机器通信，可以将城市基础设施（道路、电力、通信、水、煤气、摄像头等）的传感数据实时汇集到指挥中心，结合人工智能和大数据分析，提高城市安全和治理水平。

除此以外，5G 还可应用于智能制造、智慧能源、无线医疗、无线家庭娱乐、联网无人机、社交网络以及个人 AI 辅助等，但 5G 的潜力绝不仅限于此，随着 5G 网络的部署和普及，一定会有更多意想不到的全新应用场景在我们的生活中不知不觉地出现。

第 3 章　鸟瞰半导体产业

3.1　点沙成晶术

一粒沙子要经过怎样的加工过程才能成为芯片呢？这其中蕴含的人类智慧令人叹为观止。

3.1.1　为什么是沙子

沙子是我们日常生活中最常见的一种物质。沙子的主要成分硅是地球储备量第二高的元素（地球元素含量排行：氧＞硅＞铝＞铁＞钙＞钠＞钾……），约占地球总质量的 26.4%。正是这样一粒粒的小沙土，经过加工以后能变成媲美黄金的高附加值产品——硅片（Wafer，亦称晶圆、抛光片）。正是古有点石成金的千年传说，今有"点沙成晶"的现代技术奇迹。

理论上所有的半导体材料都可以作为芯片材料，但是芯片对材料的要求极高，所以能够满足芯片制造要求的半导体材料并不多，目前常用的材料有硅、锗、碳化硅、氮化镓、砷化镓等。在这不多的半导体材料中，硅因其种种特性脱颖而出，成为所有半导体材料中最适合做芯片的那一个。

- ✓ 含量巨大。
- ✓ 无毒无害。
- ✓ 提纯技术成熟，量产成本低，纯度可以达到 99.999999999%（11N，11 个 9）。

✓ 化学性质和物理性质十分稳定，保障了芯片的稳定性。

硅基半导体材料是目前产量最大、应用最广的半导体材料。根据SEMI统计，2017年全球95%以上的半导体器件和99%以上的集成电路采用硅作为衬底材料。

3.1.2 从沙到晶

那么看似普通的沙子要经过怎样的历练才能成制造芯片的晶圆呢？

硅在沙子中的形态通常是二氧化硅（SiO_2），而制造芯片需要的是单晶硅（Si），我们需要先将沙子与焦炭、煤或木屑等混合，在石墨电弧炉中高温加热，将二氧化硅还原为硅，这样可以获得纯度大约为98%的多晶硅。接下来需要将多晶硅通过一系列化学过程（主要采用三氯氢硅法）逐步纯化，得到纯度在9N以上的电子级多晶硅。

用做芯片材料的硅，必须是单晶硅。单晶硅和多晶硅的区别在于材料中硅原子排列的方向是不是有序的，单晶硅是有序排列，多晶硅是无序排列。单晶硅的生长通常采用提拉法进行，首先将多晶硅原料放在石英干锅中加热熔化，再将籽晶[⊖]放入熔体中，控制合适的温度，边旋转边提拉，获得铅笔状单晶硅锭，再用钻石刀将单晶硅锭横向切割成圆片，抛光打磨后，即可得到硅晶圆，也称为"抛光片"。单晶硅锭的直径决定了晶圆的直径，目前主流的直径尺寸为6英寸、8英寸以及12英寸。

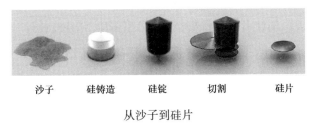

沙子　　硅铸造　　硅锭　　切割　　硅片

从沙子到硅片

⊖ 籽晶是具有和所需晶体相同晶向的小晶体，是生长单晶的种子，也叫晶种。用不同晶向的籽晶作晶种，会得到不同晶向的单晶。

3.1.3 方寸间造天地

在晶圆上制造芯片需要经过上百个工序，主要的工艺步骤包括光刻、刻蚀、掺杂、薄膜沉积等。

光刻的目的是把设计好的图形转印到晶圆上。首先我们在晶圆上涂一层光刻胶，光刻胶（正胶）的特性是经过特定频率光线的照射后，可以溶解在显影液里。然后将设计好图形的掩膜版罩在晶圆之上，用光刻机进行曝光，有些光线透过掩膜版照射到光刻胶上，有些光线被掩膜版上的图形阻挡。曝光之后，将晶圆放在显影液里浸泡，被光线照射过的光刻胶溶解，晶圆表面就留下了和掩膜版一样的光刻胶图形。

光刻是晶圆加工制造中最核心的工艺，晶圆加工的工艺水平主要取决于光刻的精度。通常我们说的28纳米或14纳米工艺，指的就是光刻机能够分辨的最小图形尺寸（最小线宽）。晶圆上能够加工的图形尺寸越小，那么同样复杂度的芯片电路所占的面积就越小，一片晶圆上能够切割出来的芯片数量也就越多。由于芯片的加工步骤都是以晶圆为单位进行的，平均下来单个芯片的成本也就很低。当然，最小线宽的缩小不仅能带来芯片成本的下降，还有很多其他好处，比如功耗的降低、集成度的提高以及良品率的提升等。

得到光刻图形后，就可以进行下一步的加工，比如刻蚀、掺杂或薄膜沉积等。刻蚀可以将没有被光刻胶保护的部分侵蚀掉，一般用来在晶圆上挖槽，通常分为干法刻蚀和湿法刻蚀，前者主要采用等离子体轰击，后者一般采用溶剂浸泡溶解。刻蚀完成后，清除残余光刻胶，就得到了想要的凹槽图案。为了改变半导体的电学性质，在晶圆上形成PN结、电阻、欧姆接触等结构，我们还需要将特定的杂质（一般是Ⅲ、Ⅳ族元素，比如磷、砷、硼等）掺入特定的区域中。小尺寸工艺条件下最主要的掺杂方法是离子注入，它直接将具有很高能量的杂质离子注入半导体衬底中，可以精确控制掺杂的深度和浓度。

离子注入完成后,通常需要进行退火。退火是指将晶圆放在氮气等不活泼气体氛围中进行热处理,使不在晶格位置上的离子运动到晶格位置上,一方面可以激活杂质,使其具有电活性,另一方面也可以消除离子注入带来的晶格损伤。薄膜沉积也是芯片生产过程中重要的工艺步骤,通常分为化学气相淀积(Chemical Vapor Deposition,CVD)和物理气相淀积(Physical Vapor Deposition,PVD)。CVD 是指通过气态物质的化学反应,在衬底上淀积一层薄膜材料的过程。它几乎可以淀积集成电路工艺中所需要的各种薄膜,例如二氧化硅、多晶硅、非晶硅、氮化硅、金属(钨、钼)等,适用范围广、台阶覆盖性好。PVD 主要包括蒸发和溅射,通常用于淀积芯片中的电极和金属互联层。

将前述工艺重复若干次,就可以在晶圆上加工出设计好的芯片。通常在进行每一道主要工艺步骤之前都需要重新进行一次光刻,因此,也常用掩膜版的数量来衡量工艺的复杂度,现在加工出一颗 CPU 芯片,往往需要上百套掩膜版,数千个加工步骤。

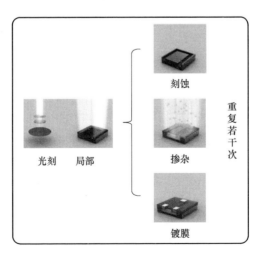

晶圆加工过程

此时,晶圆上已经有成千上万颗芯片了,但是由于工艺步骤多,精细程度要求高，晶圆上不可避免地会存在瑕疵芯片。为了节省封装费用，需要先通过CP（Circuit Probing）测试把电学性能不符合要求的芯片挑选出来。之后将晶圆切片，就得到电学性能良好的单芯片（die）。把单芯片贴到相应的封装基板上，用超细金属丝连接单芯片上的接合焊盘（Bond Pad）和基板上的引脚（Lead），再注入塑封材料进行保护，就完成了芯片的封装。通过最终测试（Final Test）后，芯片就可以走向千家万户了。

芯片封装测试过程

3.2 产业链全景

半导体产业链之深、之复杂，远胜于传统产业，而且产业链不同环节之间紧密程度，远远高于其他高科技行业。

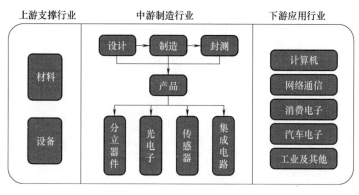

半导体产业链

3.2.1 上游——中国半导体产业的阿喀琉斯之踵

半导体产业链的上游主要是半导体材料和设备,也是我国最薄弱的环节。

半导体材料可以分为晶圆制造材料和封装材料,前者主要包括硅片、光刻胶、各种靶材、特种气体、CMP抛光液和抛光垫等;后者主要包括封装基板、引线框架、键合丝包封材料等。全球半导体材料市场主要被美国、日本和我国台湾地区所垄断。近些年,我国大陆的一些企业也开始有所突破。

半导体设备可以分为硅片制造设备、晶圆制造设备、封装设备和辅助设备等,其中晶圆制造设备占所有设备投入的70%以上,而光刻机、刻蚀机和薄膜沉积设备是晶圆制造的核心设备。半导体设备市场集中度非常高,全球前五大厂商市场占有率超过60%,它们分别是应用材料、泛林科技、阿斯麦(ASML)、东京电子和科天半导体,均来自美国、日本和荷兰。其中,在高端光刻机领域,阿斯麦(ASML)的市场占有率超过80%,用于14纳米以下工艺的EUV光刻机更是全球独此一家,我国半导体设备厂商只在部分设备中有所突破。

3.2.2 中游——走向垂直化分工

半导体产业链的中游可以分为设计、制造和封测三个环节。正如前述,在半导体产业发展早期,这三个环节通常由同一家企业完成,称之为"IDM"。20世纪80年代末,随着第三方代工的崛起,产业逐渐开始分工。

芯片设计就是将产品需求转化为物理层面的电路设计版图,这与软件行业有些类似,属于智力密集型行业。芯片设计的主要步骤包括功能定义和实现、电路验证和优化、逻辑综合、版图设计、版图物理验证等,最终形成版图文件,提交给代工厂进行芯片制造。

全球前十大芯片设计公司主要来自美国和我国台湾地区。近几年，我国海思也榜上有名，2018年位居第五。据统计，到2019年年底，我国大陆的芯片设计公司数量已经近1800家，其中营收超过1亿元的在两百家左右。2000年以来，我国大陆芯片设计行业快速成长，涌现出了兆易创新、汇顶科技、格科微、澜起科技等一批优秀公司，但是依然存在企业数量多而不强、设计人才不足等问题。

随着摩尔定律的演进，半导体制造工厂的投资动辄百亿美元以上，先进工艺的研发也愈加困难。2018年，全球排名第二的晶圆代工厂格罗方德宣布停止7纳米及以下工艺制程的研发，专注于14纳米Fin-FET技术和FD-SOI技术。全球范围内，只有台积电、三星和英特尔可以量产7~10纳米先进工艺。

在制造环节，全球八大晶圆代工厂垄断了近90%的市场份额，并呈现一超多强的局面，台积电一家独大，占据全球60%以上的市场份额。据SEMI统计，2017—2020年全球计划兴建晶圆厂62座，其中26座将落户我国大陆，占比超过40%。但从存量上看，我国大陆晶圆代工的产能在全球的占比仍然不足20%。中芯国际、华虹和华润微电子是我国大陆晶圆代工厂的典型代表。

封装主要是为了将芯片的I/O接口与外部系统连接，并提供保护和散热功能。当前封装技术有两个发展方向：一个是微型化，向更加轻薄、成本更低、散热功能更好、更多的I/O接口方向发展，甚至开始采用一些晶圆加工的技术，模糊了晶圆制造和封装之间的界限；另一个是集成化，将不同功能的芯片通过硅通孔技术高密度的封装到一起，形成具有一定功能的（子）系统，模糊了EMS组装和封装之间的界限。测试主要包括晶圆测试（CP测试）和成品测试（FT测试），工序上与封装结合紧密，通常由封装企业代劳。我国大陆测试行业发展整体落后于封装行业，但随着垂直化分工以及芯片复杂度的提升，独立的测试公司逐渐壮大，我国大陆比较知名的有上海华岭、广东利扬等。2020年年初，广东利扬通过上市辅导验收，有望成为我国大陆第一家科创板上市的第三方测试企业。在封装测试领域，我国大陆的企业在规模上已经取得了长足的进展，在部分技术方向上也有了较大的突破。

3.2.3 下游——电子制造从大到强

半导体产业是一个下游应用需求拉动的市场，在过去的六十年里，半导体产业发展的主要驱动力经历过多次变化，从最早的军事、工业应用到20世纪80、90年代的个人计算机，再到近些年的手机等移动通信产品，现在最新的应用方向包括物联网、汽车电子、5G及人工智能等。

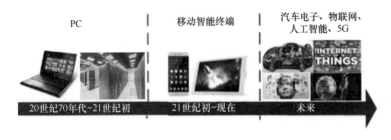

芯片下游产业变迁示意

我国是全球最大的电子产品生产国，但并不是一个电子制造的强国，其中一个重要原因就是我国半导体产业长期落后于西方国家，高端芯片受制于人。但是近些年，随着国家政策和资金的到位、产业技术的成熟及市场的快速发展，我国迎来了半导体产业发展的黄金时期。

3.2.4 设备、制造与设计——共同成长的孪生兄弟

半导体行业中有"一代设备、一代工艺、一代产品"的说法，讲的是半导体设备、制造和设计三个环节之间的密切关系。芯片设计依赖于制造工艺的参数指标，而工艺的性能取决于制造设备的能力。半导体设备不仅是重要的上游产业，更是半导体制造业和设计业发展的基石。

在半导体技术发展早期，一项新的芯片产品的出炉，往往需要从

设备的改进、制造技术的提升开始做起。1984年前后，美国英特尔公司全力开发128~256KB存储器，当时的所有工艺过程的开发，都是和设备公司紧密合作进行的。英特尔核心的中央研究部，分成两个基本的部门：一是模块（Module）部门，就是和设备公司合作，全力帮助光刻机、等离子体刻蚀机、薄膜设备等供应商攻克设备和单元工艺解决方案；二是工艺整合（Process Integration）部门，任务是把单元步骤连接成制成芯片的整个过程。可以说，没有微观加工的设备能力，就没有芯片技术的开发。

芯片加工设备有很多种类，主要可以分为光刻机、工艺设备和检测设备。

光刻机是芯片加工的规划师，可以将设计好的电路图转印到晶圆上。1978年，美国的GCA公司推出全球第一款商用步进光刻机，光刻精度为3微米。随着光刻精度的提升，光刻机对光学器件的性能要求越来越高，擅长精密光学镜头加工的日本佳能和尼康后来居上。但是在一次关键的技术升级中，日本企业由于坚持了错误的技术路线，被采用浸润式光刻技术、坚持"开放式"创新的阿斯麦打败。目前在高端光刻机领域，阿斯麦一枝独秀。

工艺设备是半导体加工的基础。典型的工艺设备包括很多种，如刻蚀机、薄膜生长设备、离子注入设备等，其中，刻蚀机是市场空间最大、产品种类最多的工艺设备。目前全球主要设备厂商，应用材料、泛林科技以及东京电子，都是从做刻蚀机起家，后来再通过不断地研发及外延并购，逐渐形成完整的工艺设备系列产品。值得一提的是，我国唯一具有国际竞争力的半导体设备制造企业——中微半导体，也是从刻蚀机开始做起。

检测设备是半导体制造的质量监督员。检测设备的主要功能包括两个方面：一个是检查，找出关键缺陷；另一个是测量，测量出加工线宽、薄膜厚度、刻蚀深度以及侧壁刻蚀角等关键参数。一颗芯片需要经过上千道工序的加工，而每一道工序都有可能由于技术不精确或外部环境污染引入偏差和缺陷，如果不对晶圆加工制造过程进行持续的检测和修正，缺陷累积可能导致整片晶圆的失效。全球最著名的晶圆检测设备专家是科天半导体（KLA-Tencor），这一名字源于1997年的一次合并，KLA专注于缺陷检测，Tencor专注于测量，1997年两家公司合并成为KLA-Tencor，在光学检测及量测领域一路狂奔，成为该领域的全球第一。

芯片技术的核心就是微观加工。越往上游走，技术难度越大，行业集中度越高。具体的芯片产品（器件）有成千上万种，芯片设计企业也数以千计，各种加工制造企业全球也有近百家，但能做到在几十纳米、甚至几纳米的尺度上加工芯片的设备公司，全球屈指可数。它们攫取丰厚的利润，并形成了对整个产业的影响力。

我国半导体产业发展到现在，一直都没有给设备和材料产业应有的重视。近些年，全国各地兴建了几十条半导体产线，投资上万亿元人民币，其中大部分都用于购买国外的设备和材料，不仅让欧美日企业赚取大量超额利润，更重要的是使我国半导体产业的核心环节受制于人。

目前，国内已有部分半导体工厂的制造工艺水平接近世界先进水平，但主要还是依赖国外设备供应商，跟随国外的技术路线，无法实现产业的自我迭代、持续升级和良性发展。这其中关键的缺失环节就是我国几乎空白的半导体设备产业。

尽管我国半导体产业发展有其特殊性，但他山之石可以攻玉，通过学习美国、欧洲、日本、韩国等国家和地区先进的半导体产业发展经验和教训，掌握产业规律，对我国半导体产业发展政策制定有一定益处。

第 2 篇
芯安理得

成为全球半导体产业霸主的美国

古有心安理得,
　自以为做的事情合乎道理,心里很坦然。

今有芯安理得,
　最重要的芯片抓在手里,道理自然在自己这一方。

第 4 章　追逐原始创新的硅谷

硅谷主要指的是从旧金山以南，到圣何塞以北的这片被旧金山湾和太平洋山脉包围的狭长地带。这片狭小的区域聚集着全球最顶尖的科技精英，也孕育了美国的半导体产业。

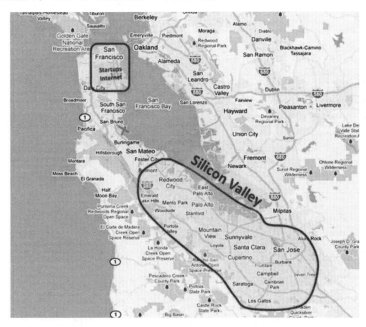

硅谷位置

4.1 传奇诞生

美国西海岸原本是一片荒芜之地，直到 1849 年旧金山发现了金矿，大批冒险家从东部地区蜂拥而来，企图通过淘金一夜暴富，这些人不惜冒着生命危险翻山越岭，在荒野中开疆辟土，铸就了对财富的强烈渴望和冒险精神，这些品质成为硅谷宝贵的精神传承。

为了把金子运出去，西部地区兴起了修建铁路的热潮。在众多铁路修建者中，有一名佼佼者，名字叫利兰·斯坦福，人称"铁路大王"。但不幸的是，他的儿子在一次欧洲游历中患了肺炎，不治去世。为了纪念他们的儿子，斯坦福夫妇决定将自己的大部分财富和一大片土地捐赠出来，设立一所大学，这就是后来我们所熟知的斯坦福大学。1891年，斯坦福大学正式成立。斯坦福大学吸引了大量优秀学生前来求学，也输出了大批优秀的青年创业者和技术人才，为硅谷的发展打下了雄厚的基础。

1939年，斯坦福大学的两名学生比尔·休利特（Bill Hewlett）和戴维·帕卡德（David Packard）发明了音频振荡器。他们的导师名为弗瑞德·特曼（Fred Terman），他有一个非常独特的观点，认为大学应该是商业计划的孵化器，因此鼓励学生自己去创业，认为可以围绕大学建立起强大的公司的群体。在导师的鼓励和538美元的资助下，这两名年轻人在加利福尼亚州一个废旧的车库里成立了公司，将科研成果产业化，这个公司就是大名鼎鼎的惠普公司。这间小车库几乎成了脍炙人口的传说，并在1989年被加利福尼亚州政府定为历史文物和"硅谷诞生地"。

"硅谷诞生地"

惠普是硅谷诞生的第一家世界级大企业,他们创新了公司的经营策略和管理方式。惠普认为企业最大的价值就是它的员工,因此,惠普充分相信和尊重每一位员工,充分发挥员工自身的创造力,提倡平等开放的工作环境,强调横向沟通而不是上下级间的指挥。管理方面以目标为导向,公司指导建立内部目标计划,对于具体实现方式和路径,员工拥有很大的自主决策权。惠普这种独具特点的新型的管理模式,后来被人总结为四个字——惠普之道⊖(HP Way),成为硅谷高科技企业管理的范本。

1950年,斯坦福大学遇到了严重的财务危机,为了解决资金问题,在斯坦福担任教职的特曼想到了让学校"下海",想将土地出售给企业用于办公。但当初斯坦福夫妇捐赠土地的协议中约定,土地不得出售,特曼仔细研究协议,发现了一个漏洞,虽然土地不准出售,但是没有规定不能出租。1951年,在特曼的推动下,斯坦福大学把靠近帕洛阿托的部分校园土地划出来,成立了斯坦福工业园,将土地以99年的合约期租给一些科技公司。这些科技公司的入驻,不仅解决了学校的运营资金的问题,还给学生们带来了更多的创业和就业机会。斯坦福工业园的成立,在空间上形成了硅谷的雏形,并开创了"大学、科研、产业"相结合的全新发展模式,特曼也因此被冠以"硅谷之父"的称号。

1947年12月,在贝尔实验室工作的威廉·肖克利与他的同事成功研制出了世界上第一个晶体管。晶体管堪称20世纪最伟大的发明,直接吹响了信息革命的号角,肖克利也因此获得1956年诺贝尔物理学奖。但是,肖克利不满足于仅做一名学者,他想将这项发明商品化,推向市场,成为百万富翁。于是,1955年年底,肖克利回到老

⊖ "惠普之道(HP Way)"的核心价值观:①相信、尊重个人,尊重员工;②追求最高的成就,追求最好;③做事情一定要非常正直,不可以欺骗用户,也不可以欺骗员工,不能做不道德的事;④公司的成功是靠大家的力量来完成,并不是靠某个人的力量来完成;⑤相信不断地创新,做事情要有一定的灵活性。

佛瑞德·特曼(左)和威廉·肖克利(右)

家圣克拉拉谷(硅谷),计划建造一座晶体管工厂。那时候美国尚未成型的半导体产业主要集中在美国东部的波士顿和纽约长岛地区。"晶体管之父"肖克利的到来,吸引了大量东部地区优秀的青年奔向硅谷,投身半导体事业。1956年,肖克利和他精心挑选的八位青年才俊在硅谷成立了肖克利半导体公司,这八个年轻人分别是罗伯特·诺伊斯(Robert Noyce)、戈登·摩尔(Gordon Moore)、谢尔顿·罗伯茨(Sheldon Roberts)、朱利亚斯·布兰克(Julius Blank)、尤金·克莱纳(Eugene Kleiner)、金·赫尔尼(Jean Hoerni)、杰·拉斯特(Jay Last)和维克多·格里尼克(Victor Grinnich)。

肖克利是一个学术科研的天才,但对管理技巧一窍不通,又十分自以为是,甚至聘请私家侦探调查下属员工,而且完全没有商业远见,经营目标一变再变。很快,1957年,他的八个手下不堪忍受,集体出走,并在费尔柴尔德家族(Sherman Fairchild)仙童摄影器材公司的资助下,成立了仙童半导体公司(Fairchild Semiconductor)。肖克利知道后大发雷霆,称这八个人为叛徒,"八叛徒"(Traitorous Eight)也成了硅谷最著名的典故之一。

这八个人,分工协作,充分体现了集成电路专业化分工的特征。

硅谷"八叛逆"[1]

罗伯特·诺伊斯和杰·拉斯特负责光刻技术，这是晶体管制造的基础步骤；谢尔顿·罗伯茨负责培育硅晶体；戈登·摩尔和金·赫尔尼这两位全美最优秀的年轻固体物理学家负责改进扩散技术；维克多·格里尼克设计了首款产品的技术规范……

肖克利发明晶体管时，制作晶体管的材料是锗，昂贵且易碎。仙童率先采用"硅材料"取代"锗材料"，研制出了平面型双扩散半导体晶体管，并且对光刻工艺进行了大量改进，使集成电路的批量制造成为可能。由于掌握了最先进的半导体工艺和大规模加工方法，仙童半导体发展迅速，到1967年，公司营业收入已接近2亿美元，成为全球数一数二的半导体企业。

但是也正是在这一时期，公司开始孕育危机，费尔柴尔德家族按照当初公司设立时的约定，回购了公司管理层的股权，并且把利润转移到东海岸，用于支持摄像器材公司的运营，不再投入半导体方向的研发。目睹母公司的不公，"八叛徒"们再次开始他们的"反叛"之

---

[1] 从左到右依次为戈登·摩尔、谢尔顿·罗伯茨、尤金·克莱纳、罗伯特·诺伊斯、维克多·格里尼克、朱利亚斯·布兰克、金·赫尔尼和杰·拉斯特。

道，纷纷离职创业。

1961年，赫尔尼、罗伯茨和拉斯特最早从仙童离职，创立Amelco，后来被Teledyne收购，现在是全球最著名的数字成像、仪表、航空航天及国防电子供应商。1968年，诺伊斯带着摩尔和工艺开发专家安迪·格鲁夫（Andrew S·Grove）成立了英特尔，后来长期盘踞半导体产业全球第一的位置。同样出身仙童半导体的杰里·桑德斯（Jerry·Sanders）则在1969年成立了AMD，在CPU领域与英特尔"相爱相杀"。硅谷风险投资之父、红杉资本创始人唐·瓦伦丁（Don Valentine）也曾在仙童半导体工作过，他投资的企业包括苹果公司、思科、甲骨文、雅虎等全球知名企业。

1969年在硅谷的森尼维尔举办的一次世界半导体行业峰会上，与会的400多人中，只有24个人未曾在仙童半导体公司工作过，仙童半导体对于半导体行业的影响力可见一斑。据2013年的一次统计，由仙童半导体直接或间接衍生出来的公司多达92家，可以说仙童半导体是美国半导体专业人才的"西点军校"。

苹果公司创始人乔布斯曾这样比喻仙童半导体——"它就像成熟的蒲公英，风一吹，创业精神的种子就会四处飘扬。"

虽然官方认定1939年惠普成立是硅谷发展之始，但实际上硅谷成为全球半导体产业技术集群和创新高地，是从肖克利带着他的"八叛徒"在硅谷扎根开始的，从那以后，硅谷的科技企业开始爆发性的聚集和腾飞。

4.2 风险资本

说到投资大家都会想到华尔街，但是说到风险投资，大家一定会想到硅谷一条不长的街道——沙丘路，这里聚集了全球最大、最多的风险投资公司。硅谷是现代风险投资的发源地，也是目前全球风险投资体量最大、回报率最高的地区。

硅谷的第一笔风险投资就投给了前面所说"八叛逆"创立的仙

童半导体,虽然资金来自纽约的费尔柴尔德家族,但是促成这笔投资的关键人物是阿瑟·洛克(Arthur Rock)。洛克的投资公司 Davis & Rock 也是全球有史以来第一家风险投资公司。在接触硅谷之前,洛克只是一名默默无闻的华尔街投资人,工作中偶然碰到"八叛逆"并完成仙童半导体的投资后,他爱上了风险投资这件事。1961年,他从纽约搬到了硅谷,全心全意地做硅谷的风险投资项目。除了仙童半导体以外,他还投资了英特尔、苹果公司和几十家上市公司,这些漂亮的业绩,让洛克成为硅谷第一位"投资教父"。除此以外,洛克还是"洛克定律"的发明人,他认为,为了提高半导体芯片晶体管的集成度,半导体工厂的建设费用,会以每四年翻一倍的速度增加。在半导体产业刚起步的阶段,他就准确预见了半导体产业未来将成为一个资金密集型的产业,足以说明他对半导体产业的深刻洞察力。

除了洛克以外,硅谷著名的风险投资人还有克莱纳(Eugene Kleiner)、瓦伦丁(Don Valentine)等人,他们俩都来自仙童公司。

英特尔刚成立时,克莱纳就对英特尔进行了投资,并从中赚了不少钱。1972年,他和惠普副总裁帕金斯(Tom Perkins)合作成立了硅谷第一家"本土"投资公司——克莱纳-帕金斯公司,后来随着另外两名合伙人的加入,改名为 KPCB(凯鹏华盈)。他们的投资策略是小额度分散投资早期企业,这些投资里大部分项目会死掉,但是其中一两家成长起来,就会给基金带来高额收益。天腾电脑、基因泰克、康柏、Google、亚马逊、苹果公司等都是凯鹏华盈的成功案例,据统计在纳斯达克上市排名前 100 的公司里,凯鹏华盈投资的公司占 10%。克莱纳和帕金斯在创立凯鹏华盈的时候,不仅自己出钱,还从一些小合伙人那里募资,他们是第一家采用合伙人制度的风险投资基金,确立了管理人(普通合伙人)和投资者(有限合伙人)的利益分配方式。凯鹏华盈最大的贡献是奠定了现代风险投资行业的基本规则,为硅谷乃至全球风险投资行业的发展打下了基础。

瓦伦丁曾是仙童半导体的副总裁,在企业工作的时候,他发现手下的工程师有很多令人惊异的好想法却得不到公司的支持,因此他决定成立一个基金来帮助他们,这个基金就是著名的红杉资本(Sequoia Capital)。

红杉资本投出的第一家伟大的公司是苹果公司。

当初乔布斯和沃兹尼克在朋友的介绍下找到瓦伦丁,瓦伦丁非常认可乔布斯的天才思想,但是他认为乔布斯缺乏商业和营销技巧,因此,他介绍了在市场方面比较有经验的麦克·马库拉作为合作伙伴。同时,红杉资本在签署投资协议的时候,还要求乔布斯必须向他们提供规范的商业计划书,把公司的发展计划条理清晰并且详细地写出来,这促使乔布斯思考了很多细致问题,完善项目计划,确定和规范了苹果公司的经营理念。正是由于瓦伦丁的种种规范和引导,才帮助乔布斯建立了一套科学的企业管理方式,使苹果公司能够成长为全球科技企业巨头。这种投资方式与过去只提供资金后就撒手不管的风险投资不同,红杉资本深入参与企业管理和产品营销,这些硅谷的天才们只需要提供闪亮的想法,后面的一起由红杉资本一起来协助解决。除此以外,瓦伦丁还提出"航母投资法",他认为一家强大的公司一定要有数家小公司支持,苹果公司就像一艘航空母舰,为了给苹果公司保驾护航,他还投资了数家为苹果公司供应配件和服务的小公司。

红杉资本能为硅谷的创业者带来主动管理的价值,硅谷也给红杉资本带来了丰厚的回报。红杉资本投出了苹果公司、谷歌、思科、甲骨文、雅虎、网景和YouTube等对世界产生深远影响的公司。据统计,红杉资本投资的公司占了纳斯达克上市公司总数的20%以上,甚至有人认为,没有红杉资本就没有纳斯达克。

发展到今天,硅谷集中了全美国40%左右的风险投资额,全世界的高科技风险投资人,几乎每年都要跑到硅谷去学习最新的科技和风投趋势,就如同服装设计师每年都要去米兰时装节或者巴黎时装节一样。可以说硅谷已经找到了一种让风险投资盈利常态化,并不断孕育出伟大公司的方法。

4.3 创新引擎

特曼的斯坦福工业园和肖克利带来的半导体产业为硅谷发展成为全球高科技产业创新中心奠定了基础。在后续的个人计算机时代、互联网时代、移动互联网时代以及人工智能时代，硅谷一直走在全球创新的最前沿，诞生了一大批引领全球技术方向的高科技公司，如个人计算机时代的英特尔、苹果公司；互联网时代的 eBay、Google、Facebook、维基百科；移动互联网时代的 Twitter、Instagram；人工智能时代的 Waymo、特斯拉等。

硅谷之所以能够持续不断地引领全球创新的潮流，一个重要的原因就是以斯坦福大学为代表的学校和产业能够紧密互动，硅谷很多著名企业都是学校里的科研成果转化而来。

思科的两个创始人波萨克与勒纳都是斯坦福大学的教师，波萨克是计算机系的计算机中心主任，勒纳则是斯坦福商学院的计算机中心主任。当时计算机已经在学校里有了比较广泛的应用，为了更好地将校园内计算机相互连接起来，以省去用磁盘来传送文档的麻烦，他们设计了一款新的网联设备，这就是最早的路由器。1984 年，他们成立了思科公司，开始销售他们的路由器产品。雅虎网页的原型是其创始人杨致远和大卫·费罗在斯坦福大学读博期间搭建的，后来由于访问的人数太多，学校的网络和服务器无法承受，他们才跳出校园成立了雅虎公司。

斯坦福大学的创业生态系统历史悠久且全面，从创业教育、创业组织、创业活动，到配套的孵化器、风险资本支持等，形成了从课堂到实践的创业网络。早在 1954 年，斯坦福大学就开设了 MBA 小企业管理课程，为不限于商学院的在校学生提供创业培训和实践课程。1970 年，斯坦福大学设立技术许可办公室，解决在校科研成果转化的价值评估和权属问题。2010 年，独立的非营利性孵化器 StartX 成立，它可以在 3 个月的时间内，免费接收各个阶段的校友创业项目。

长期以来，斯坦福大学还利用校友网络提供风险投资，甚至通过基金会直接进行投资来促进学生的创业。

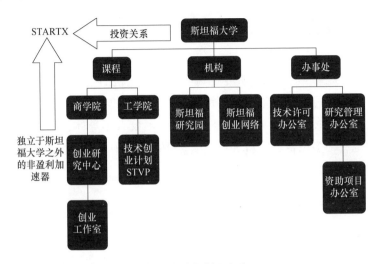

斯坦福大学的创业生态

除了斯坦福大学引导的创业风气以外，硅谷还继承了"八叛逆"的反叛精神，提供了较为宽松的法律和人文环境。加利福尼亚州《商业和职业法典》规定"任何合同一旦限制了他人从事合法的职业或贸易之类的行为，都是无效的"。这就使得竞业禁止协议在加州和硅谷成了一纸空文。而且，根据美国司法判例，侵犯商业秘密的举证责任主要在商业秘密权利人。在这样的环境下，硅谷的创业者们乐于分享彼此的创业经验，硅谷人才也能够不受限制的流动到最适合自己公司或岗位，不仅促使硅谷本地的企业能够不停裂变新的公司，也吸引了全球最顶尖的人才来硅谷创业。

这里不得不提的是，竞业禁止协议表面上看有利于保护知识产权，实则不利于整个行业和地区的创新。因为创新离不开信息的自由流动，流动越快，碰撞出新思维新火花的机会越多，而严格的竞业禁止协议，则限制了这种思维碰撞的机会。并且在很多时候，大公司烦琐的体制和流程，导致很多员工的创新想法无法实施验证，如果他们不能自由地离职创业，那么这些创新的思想就永远只能淹没在大公司的繁文缛节中了。

4.4 设备先行

"八叛逆"的引领、充足的风险资本、宽松的法律政策等使硅谷的青年才俊可以自由地进行各种科学和商业上的尝试，一大批半导体相关的高科技企业在硅谷诞生。这其中不仅有半导体设计和制造企业，也有很多设备、材料等相关配套企业。其中，设备企业更是成为驱动制造工艺升级换代的重要力量。

4.4.1 应用材料

1967年，一位名叫麦克内利（Michael A. McNeilly）的年轻人联合几个伙伴，在加利福尼亚州山景城一处很小的工业厂房中创办了一家公司，专门生产半导体制造设备，这就是后来大名鼎鼎的半导体设备龙头——应用材料公司（Applied Materials，AMAT）。

应用材料公司创业地点

1968年，应用材料推出了首个可以在晶圆表面沉积二氧化硅薄膜的商用CVD（Chemical Vapor Deposition）外延系统AMS 2600 Silox和可以同时处理8个2英寸硅片的垂直外延反应系统AMV 800D。

1972年，应用材料登陆纳斯达克，并开始通过投资向上游硅片生产进行拓展。但不久，半导体行业出现严重衰退，受此影响，1975年，应用材料营业收入骤降55%，遭遇严重的财务危机。在这紧要关头，公司董事会请来詹姆士·摩根（James C. Morgan）出任总裁兼CEO，摩根上任后，对过宽的产品线进行瘦身，使公司重新聚焦半导体设备制造。在摩根的带领下，应用材料重新走上增长的道路。

走出危机后，应用材料抓住全球产能转移的机遇，开始在全球布局。1979年，应用材料设立日本子公司AMJ（Applied Materials Japan）进入亚洲市场；次年，收购了英国Lintott工程公司的离子注入业务。1984年，应用材料成为第一家进入我国的外资半导体生产设备供应商。

与雄心勃勃的全球扩张相对应的，是应用材料脚踏实地的科研态度。1980年，摩根邀请贝尔实验室的Dan Maydan博士加盟，Dan带来了反应离子刻蚀机的新概念，开发出了稳定可靠的六面体反应离子刻蚀机。1987年，在Dan的带领下，应用材料推出了革命性的单晶圆多反应腔平台Precision 5000，大大提高了生产效率。1992年，应用材料已经成为全球最大的半导体设备制造商，并蝉联这一头衔至今。

半导体产业技术门槛高、更新迭代快、研发投入大、研发周期长。对于大企业来说，进行并购可以快速集成最新技术，降低研发失败的风险，更重要的，还可以快速占领市场，消灭竞争对手。

1996年，应用材料收购了以色列的Opal Technologies公司和Orbot Instruments公司，切入测量和晶圆检测设备市场，拉开了并购浪潮的序幕。此后，应用材料通过一系列并购，不断扩充产品线，使其基本涵盖了除光刻机以外的半导体前道工艺主要设备，包括原子层淀积（ALD）、物理气相淀积（PVD）、化学气相淀积（CVD）、刻蚀（ETCH）、离子注入（IMPLANTATION）、快速热处理（RTP）、化学机械抛光（CMP）、电镀、测量和晶圆检测等。

4.4.2 泛林科技

在20世纪80年代，半导体器件尺寸越来越小，对刻蚀精度的要求也随之提高，等离子体干法刻蚀开始兴起。

1980年，美籍华人林杰屏（David K. Lam）在硅谷创立了泛林科技（Lam Research），主要生产等离子体刻蚀设备。次年，泛林科技推出了第一款产品AutoEtch 480。AutoEtch系列刻蚀机创新了结构，采用单片刻蚀的方案，在多晶硅刻蚀方面表现良好，但在介质刻蚀上稳定性不佳，产品销售很不乐观，公司一度陷入危机。

1984年，泛林科技邀请在英特尔负责设备评测的尹志尧加盟，经过苦心钻研，1987年发布Rainbow 4500介质刻蚀机，产品性能和操作便捷性都大大优于应用材料的刻蚀设备，在刻蚀设备领域的市场份额开始不断提升。1989年，泛林科技又推出了刻蚀金属和多晶硅的电感耦合等离子体（Inductively Coupled Plasma，ICP）刻蚀机，这些设备都优于应用材料的产品。到20世纪90年代，泛林科技在刻蚀设备市场占有率开始超过应用材料。

此后的几十年里，泛林科技持续完善刻蚀产品线，全面覆盖硅刻蚀、介质刻蚀、氧化硅刻蚀、金属刻蚀、MEMS刻蚀等多刻蚀需求。如今，在半导体刻蚀设备市场，泛林科技长期占据一半左右的市场份额，是当之无愧的刻蚀设备龙头企业。

在20世纪80年代中期，泛林科技和当时做美国公司设备代理的东京电子建立合资公司。东京电子将泛林的AutoEtch和Rainbow 4500介质刻蚀技术消化吸收，并在日本生产，奠定了东京电子在介质刻蚀设备领域的基础。

2012年，泛林科技合并了诺发系统（Novellus Systems），在刻蚀、表面处理和沉积三个领域形成产品互补，实现了1+1大于2的效果，并购后营业收入和整体市场占有率稳步提升。

诞生于硅谷的应用材料和泛林半导体成为美国半导体产业发展的基石。回顾这两家企业的发展史，我们发现，对半导体设备企业来说，一开始最重要的事情就是要聚焦，而且是要聚焦于价值量大、品种多的设备，将这类设备吃透后，具备一定的发展基础，再逐步拓展其他品类。在有了拳头产品站稳脚跟后，设备企业通过并购整合，可以降低研发风险，消灭潜在竞争对手，提高发展速度，才有可能成为有国际竞争力的半导体设备企业（当前科创板、创业板、主板、新三板精选层都向集成电路企业抛出了诱人的橄榄枝，如此利好，还有几家新创芯片企业愿意在一级市场被龙头企业并购？然而，在国际巨头已经超级垄断的背景下，半导体企业各自为阵、各显神通并非我国作为集成电路后进国家赢得国际竞争力的佳选，期待国家像鼓励集成电路企业 IPO 一样鼓励二级市场上的半导体企业整合做大）。另外，半导体设备极为复杂，开发难度大，相关企业需要持续且高强度的研发投入，才能支撑不断的产品创新，形成自己的核心竞争力。如果一旦放松研发投入，意图躺在现有产品上挣钱，就会迅速被竞争对手超越，丢掉市场份额。

第 5 章　最先进技术的开拓者

如果要选一款产品来代表一个产业,半导体产业首选的一定是CPU,如果要选一家公司代表一个产业,半导体产业首选的一定是英特尔。

5.1　阴差阳错

1968 年,英特尔诞生于硅谷,它的创始人是罗伯特·诺伊斯和戈登·摩尔,前者是"集成电路之父",开创了整个集成电路产业,后者提出了支撑集成电路产业发展的"摩尔定律"。而英特尔的名字正是取自"集成电路"(Integrated Electronics)的缩写。

现在我们提到英特尔,首先想到的一定是 CPU,的确英特尔做 CPU 历史源远流长,世界上第一款商业化的处理器——英特尔 4004,以及第一款商业化的 8 位处理器——英特尔 8008,都出自英特尔之手。然而成立之初,内存才是英特尔的核心业务。

英特尔的开山之作是静态随机存储器(SRAM)英特尔 3101。3101 是世界上第一款固态存储器,芯片存储容量为 64 比特;后来英特尔又接连推出了世界上第一款商业化采用 MOS 工艺的 SRAM——英特尔 1101 和世界上第一款商业化动态随机存储器(DRAM)——英特尔 1103。真正成功的产品是英特尔 1103,它的容量达到了 1024 比特,并且价格上低于传统的磁芯内存,从此,半导体内存开始大规模应用。

一个存储大厂怎么发明了全球第一款商用 CPU 的呢?这就要从诺伊斯的一个粉丝说起了。诺伊斯是集成电路发明人,已经声名显

第 5 章 最先进技术的开拓者

Intel 3101，64bit，SRAM
英特尔第一款产品，世界上第一款商业化量产固态存储器

Intel 1101，256bit，SRAM
世界上第一款商业化采用MOS工艺存储器

Intel 1103，1024bit，DRAM
世界上第一款商业化动态随机存储器

英特尔早期的存储器产品

赫，崇拜者众多，而当时日本正大力发展电子产业，更是将诺伊斯奉若神明，在夏普工作的佐佐木正（Tadashi Sasaki）就是其中一位。有一次诺伊斯去日本拓展客户，受到了日本的热烈欢迎，但是他希望能够从夏普拿到的订单却没有落实。看到偶像失望的表情，佐佐木正突然想到他的一个好朋友小岛义雄所在的公司比吉康（Busicom）有可能和英特尔合作。比吉康是一家日本做计算器的小公司，在佐佐木正的介绍下，双方迅速达成合作协议，英特尔为比吉康公司开发了一套定制化的计算器芯片。

比吉康公司负责项目的工程师叫永赖志麻（Masatoshi Shima），他提出了一个 12 芯片系统。但接手这份工作的英特尔工程师特德·

采用英特尔 4004 处理器的 Busicom 141-PF 桌面计算器

霍夫（Ted Hoff）研究后发现，永濑志麻的方案芯片和引脚数量过多，连接复杂，实现难度大。于是，霍夫和同事斯坦利·马泽尔（Stanley Mazor）设计了一个新的方案，把所有计算都集中到一个芯片上，大大降低了成本和实现难度。比吉康公司听了非常高兴，很快就回日本了。但是，那时候英特尔全公司上下都在忙于改进 MOS 内存生产工艺，根本没有人理会这个项目。事实上是英特尔内没有人能够承担这项工作，霍夫和马泽尔都不是版图设计师，无法根据芯片设计规范创建详细的逻辑门电路图。几个月后比吉康公司回访才发现英特尔毫无进展，震怒之下，给英特尔发了一封措辞严厉的邮件。诺伊斯这才赶紧找来刚从仙童挖来的技术大牛弗得里克·法金（Federico Faggin）负责这个项目。在双方共同努力下，仅用六个月就完成了芯片设计，最终方案由四枚芯片组成，4001 为只读存储器，4002 为随机存储器，4003 为移位寄存器，4004 为中央处理器，整个系统被称为 MCS-4。想不到的是，项目结束以后比吉康公司认为 4000 系列芯片定价过高，希望修改协议。最后双方达成一致，比吉康公司放弃芯片组的专属权利以免除部分费用。这可以算得上商业史上最大的错误决策之一了，如果比吉康公司保留所有权，在未来几年单靠专利授权就能赚上数十亿美金。

弗得里克·法金，特德·霍夫和斯坦利·马泽尔手持英特尔4004处理器在国家发明家名人堂，1996年

在与比吉康公司签署修订合同之后，英特尔决定把4000系列转成一条正式的产品线销售给商业客户。就这样，1971年，英特尔4004成为世界上第一枚商业化的微处理器。这正是"有心栽花花不开，无心插柳柳成荫"。

英特尔4004微处理器芯片版图

5.2 崭露头角

人类迄今为止已经观测到七十多万颗小行星，其中第 8080 号小行星被命名为英特尔，用来纪念 1974 年英特尔推出的 8080 这款处理器。采用了 8080 处理器的 Altair 8800，是最早的个人计算机型号。也正是这款计算机，让当时一位叫比尔·盖茨的年轻人如痴如醉地爱上了编程，从而诞生了后来的微软帝国。

世界上第一台 PC MITS 公司 Altair 8800

虽然英特尔又一次打响了技术革命的第一枪，但在个人计算机兴起的前五年里，CPU 真正的主角却是 Zilog Z80 和 MOS 6502 两枚处理器。Z80 是英特尔的前员工、天才 CPU 设计师弗得里克·法金创立的公司 Zilog 所生产，它完全兼容英特尔 8080 指令集，而且性能更强，价格更低廉，备受 OEM 厂商欢迎。美国 MOS Technology 公司开发的 MOS 6502 则以价格屠夫的姿态杀进了个人计算机 CPU 市场，直接将 CPU 价格从 360 美金（1974 年，英特尔 8080 的售价）拉低到 25 美金（1975 年，MOS 6502 的售价），极大地推动了个人计算机的普及，基于 6502 开发的 Apple Ⅰ也成功地让苹果计算机登上历史舞台。

在个人计算机时代，英特尔起了个大早，却赶了个晚集，直到 1978 年，英特尔推出 8086 并傍上 IBM 这条大腿才迅速扩大了市场份额。

第 5 章　最先进技术的开拓者

之前的计算机只用于政府、军事和工业部门，然而随着集成电路的发展，计算机微型化、个人化的风潮突然降临，到了 20 世纪 70 年代末，个人计算机市场已达到 1.5 亿美金，而且每年增速达到 40%。靠大型机起家的蓝色巨人 IBM 再也坐不住了，决定切入 PC 市场，为了能够跟灵活的 OEM 厂家竞争，IBM 破天荒地选择了将 PC 的操作系统和微处理器外包。那时候个人计算机都是 8 位机，而 IBM 要推出一款高性能的 16 位机。

IBM 是 IT 行业巨头，所有的芯片厂商都非常希望能与之达成合作。当时英特尔 8086 的主要竞争对手包括德州仪器的 TMS9900、摩托罗拉的 68000 和 Zilog 的 Z8000。Zilog 的背后金主是美孚，美孚也投资了很多 IT 企业，计划打造一个 IT 帝国与 IBM 竞争，但是第一个被淘汰。摩托罗拉 68000 技术上最先进，性能很高，但是能够与之配套的芯片可选范围很小，且价格昂贵，导致整体方案的成本很高，所以被淘汰。英特尔虽然也有配套芯片的问题，但是英特尔推出了 8086 的降级版——Intel 8088，8088 能够使用原来 8 位机的配套芯片，方案整体成本大幅降低。德州仪器虽然也推出了 TMS9900 的降级版，但是降级版的性能太差，也被淘汰。最终，IBM 钦点了 Intel 8088 作为其个人计算机产品的 CPU 供应商，从此英特尔就搭上了 IBM 这条大船。

但是，为了能够成为 IBM 的合作方，英特尔也付出了一定的代价，由于英特尔产能不足，IBM 强硬地要求英特尔必须找第二供应商，以保障产品供应。为了吃下 IBM 的超级大单，英特尔无奈之下找到了 AMD 并签订了五年技术合作协议，全面授权 AMD 生产 X86 系列处理器。

AMD 可以说是英特尔的兄弟公司，创始人杰里·桑德斯（Jerry Sanders）也来自仙童半导体，那时美国专利保护制度还很不完善，在很长一段时间里，AMD 只能靠山寨和低价竞争抢得一些市场份额，日子过得相当艰难。IBM 用心良苦的"撮合"，不仅帮助 AMD 活了下来，迅速壮大，积累了日后和英特尔对抗的本钱。

搭载英特尔 8088 处理器的 IBM PC

英特尔也知道这是养虎为患，于是在 1985 年推出 80386 时，决定不再对外授权，独家供应 80386 的芯片，同时，通过在不同地方建厂打消客户对产能风险的疑虑。虽然英特尔一开始就决定自己干，但为了麻痹 AMD，并没有通知对方解除协议，只是不再向 AMD 透露任何技术细节，并让 AMD 以为自己最终能够拿到 386 的授权。直到 1987 年，上一轮授权协议到期之前英特尔才单撕毁合作协议。AMD 知道这一消息后极为愤怒，立刻起诉英特尔违约，而英特尔也反诉 AMD 侵权，这场官司旷日持久，最终持续了八年时间，虽然 AMD 赢得了官司，获得了 X86 架构的永久授权，但也错过了 CPU 发展的黄金时间，从此只能跟着英特尔亦步亦趋。而英特尔通过对 80386 的大力推广，将其他 CPU 厂商几乎赶尽杀绝，并与微软结成"Win-Tel"联盟，掌控了全球个人计算机市场。

5.3 壮士断腕

前面说到，20 世纪 80 年代英特尔傍上了 IBM 这条大腿，但是英特尔的日子并不好过，因为整个美国都在面对一个共同的麻烦——日本人来了。第二次世界大战之后的日本，经济实力和科技实力迅速崛起，逐渐开始挑战美国的领导地位，其中以半导体产业尤为突出，当时日本半导体的产品质量稳定，价格低廉，很快席卷全球市场，到1985年，日本已经反超美国成为全球第一的半导体生产国。

在日本产品的冲击之下，美国半导体公司刮起了倒闭潮，英特尔也只能苦苦支撑。1981年，英特尔营收同比下降7.7%，净利润暴降71.7%。1982年也毫无起色，英特尔解雇了2000名员工。IBM担心这个重要的供应商垮掉，注资2.5亿美元换取12%股份。

在英特尔生死存亡之际，公司总裁格鲁夫和CEO摩尔之间发生了那段著名的对话。

1985年的一天，格鲁夫来到摩尔的办公室。

望着窗外，格鲁夫问摩尔："如果我被裁，董事会请来一位新老总，你觉得他要做的第一件事是什么呢？"

摩尔回答："他会放弃半导体内存。"

格鲁夫想了一会，说："那为什么我们不自己来做这件事呢？"

在那之后，英特尔通过董事会决议彻底放弃了半导体内存业务，将注意力全部集中在微处理器上面。

正是这次壮士断腕，把英特尔从死亡线给拉了回来。1985年，英特尔靠80386芯片完成了对IBM PC兼容机市场的一统江湖；1989年，又依靠80486芯片，一举超过所有日本半导体厂商，坐上了半导体行业的头把交椅。

5.4　奔腾时代

1993年，英特尔推出了奔腾处理器Pentium，这是一个划时代的产品，影响了PC领域十年之久。奔腾与英特尔之前的处理器完全兼容，按照原来的命名规则，本该叫80586，但是格鲁夫认为应该给这款产品一个新的名字。Pentium的命名来自于希腊字母Penta（第五）

和表示元素的词尾 ium 的组合,希望像科幻般的第五元素一样给用户非凡的体验。

奔腾处理器采用了 0.60 微米工艺技术制造,集成晶体管的数量从 80486 的 120 万个大幅提高到了 320 万个,并且把 10 年未变的工作电压降低到 3.3V,大幅降低了芯片的工作能耗。值得一提的是,奔腾处理器集成了两条数据流水线,在一个时钟周期内可以执行两条指令,大幅提高了处理器的性能。在相同主频的情况下,奔腾处理器执行指令的速度比 80486 快 5 倍以上。

奔腾处理器的诞生,让英特尔公司甩掉了只会做低性能处理器的帽子,其性能达到工作站处理器的水平。其后十年里,英特尔陆续发布了很多代奔腾系列芯片,开启了英特尔的"奔腾时代"。"Intel Inside"的蓝色标签,也是从那个年代开始深入人心。

"Intel Inside" 的蓝色标签

到 1999 年,英特尔市值最高达到惊人的 5090 亿美元。

2001 年,英特尔的 64 位服务器处理器 Itanium 问世,英特尔在服务器市场彻底超越 RISC 处理器的代表 SUN 公司。

2005 年,苹果公司开始使用英特尔处理器,摩托罗拉彻底退出个人计算机处理器市场。

2006 年，英特尔推出全球第一款双核处理器，CPU 性能的提升不再单纯依靠提升主频。

2007 年，英特尔提出了"Tick-Tock"发展战略，从此以后英特尔的产品开始以两年为周期的"架构创新-工艺创新"自我迭代。AMD 与英特尔的差距越来越大。

2008 年，酷睿（Core）系列处理器诞生，这是英特尔继奔腾系列之后，启用的第二个品牌。

2009 年，英特尔又推出四核处理器，从此以后，多核处理器成为主流配置。

2011 年，英特尔第一次采用了 i3、i5 和 i7 的产品分级，划分出了低、中、高端清晰的市场策略。

2014 年，英特尔收购智能手表制造商 Basis Science，开始进军可穿戴市场。

2015 年，英特尔斥资 167 亿美元收购了全球第二大 FPGA 厂商——Altera 公司，这是英特尔有史以来最大的一笔收购。英特尔计划将 CPU 与 FPGA 在硬件层面做更深入的融合，探索 CPU 以外的创新产品。

2017，英特尔以 153 亿美元收购 Mobileye，"算法＋芯片"整合成为 AI 领域制胜关键。

2019 年，英特尔开始大规模交付 10 纳米工艺芯片。同年，推出酷睿 i9 系列高端产品，以应对 AMD Ryzen 处理器的挑战。

5.5 廉颇老否

在人类漫长的历史进程中，诞生过无数家公司，这些公司里，有资格称之为伟大的凤毛麟角，毫无疑问，英特尔是可以称为伟大的公司。50 年来英特尔不仅是贡献了 X86 架构处理器，还在摩尔定律、USB 接口、制造工艺、存储芯片、以太网等方面做出了巨大贡献，英特尔的产品或技术与我们现代生活息息相关。

半导体产业有非常明显的马太效应,一步领先,步步领先,而一个错误的决策,也可能会错过整个时代,甚至葬送公司的未来。

2000年以后,全球迎来了移动互联网之风,移动处理器的需求剧增,移动处理器和传统桌面CPU不同,对功耗和价格非常敏感,但对性能要求没有那么高。当时英特尔手上有全球最强移动处理器Strong ARM,这原本是为掌上计算机准备的。英特尔早就判断出移动设备会是未来的主流,但是他们坚持认为移动上网本才是未来,公司内部最强势的PC部门正集中精力研发面向移动计算机的低功耗X86芯片。那时嵌入式处理器市场还非常小,Strong ARM处理器并无用武之地,并且与低功耗的X86芯片在研发方向上重合。而英特尔时任CEO欧德宁是职业经理人出身,在他的带领下,英特尔从IBM手中抢下苹果公司MAC电脑CPU的订单。欧德宁对自己的推销能力非常自信,他认为即便将来智能手机火了,靠英特尔的强大地位也能轻松进入手机市场。于是,在2005年乔布斯找到英特尔希望能够定制一款ARM CPU用于iPad时,欧德宁果断拒绝了他。之后不久,英特尔又将Strong ARM业务卖给了Marvel,砍掉了嵌入式移动芯片的产品线。2008年,英特尔X86架构的低功耗系列芯片Atom发布,但是新的智能手机与欧德宁所想完全不一样,操作系统是全新定制的,底层驱动也需要全面定制,与X86架构芯片根本无法匹配。英特尔只能眼睁睁看着移动通信芯片市场被MTK、高通、三星等公司瓜分。2019年,英特尔以10亿美元将旗下基带芯片业务卖给苹果公司,彻底宣告放弃移动市场。

与放弃移动时代不同,在摩尔定律上,英特尔始终在坚守,甚至可以说誓死维护。

根据"Tick-Tock"策略,英特尔每两年升级一次工艺,每一代工艺线宽是上一代工艺线宽的0.7倍,单个晶体管面积就是上一代晶体管面积的一半（$0.7 \times 0.7 = 0.49$）,晶体管密度提升一倍。从90纳米、65纳米、45纳米、32纳米一直到22纳米,英特尔一直都是最先进工艺的发明人和领导者。在 22 纳米工艺节点时，英特尔还是全球首家量产"Tri-Gate"3D 晶体管的厂家。3D 晶体管堪称晶体管历史上最伟大的创新，甚至可以说是"重新发明了晶体管"。半个多世纪以来，晶体管一直都在使用 2D 平面结构，现在终于迈入了 3D 三维立体时代。英特尔的 3D 晶体管工艺领先台积电和三星两年以上。

2D 晶体管（左）和 3D 晶体管（右）

但在 22 纳米工艺升级到 14 纳米工艺，以及 14 纳米升级到 10 纳米工艺时，英特尔似乎遇到了不同寻常的阻力，技术升级周期都超过了两年，一年提升工艺一年提升架构的步调被打破。尤其是 14 纳米升级到 10 纳米的过程，英特尔一再跳票，工艺良率问题迟迟得不到解决，直到 2019 年才宣布量产。而台积电 2018 年就已经量产 7 纳米工艺，2020 年计划量产 5 纳米工艺，足足领先英特尔两代。

令英特尔头疼的事情远不止这些。一直以来，在 PC 和服务器领域，英特尔对 AMD 一直保持碾压优势。因为 AMD 产品不给力，英特尔甚至不愿意频繁推出新产品，像挤牙膏一样，一点一点推出性能稍好的处理器，被人戏称为"牙膏厂"。但是 2017 年，AMD 突然推出 Ryzen 系列处理器，凭借其更高的性能和兼容性以及更低的价格，获得市场疯狂追捧，让 AMD 实现了绝地反击。据统计，2018 年 AMD 在桌面 CPU 的出货量已经和英特尔平分秋色。英特尔措手不及，只能暂时采取降价策略,同时加快推出高端产品。

无论如何,英特尔至今仍是半导体领域的王者,虽然目前困难重重,但是时代也有很多机会在等着它,包括5G、物联网、AI等,而英特尔已经开始在这些领域布局。

最后,讲一件有意思的事情。

2015年,英特尔联合美光发布了创新的存储介质3D XPoint,它既有NAND的存储功能,同时也有接近于内存的性能表现,这是一种全新的存储产品。2017年,英特尔又率先推出了3D Xpoint的商业化产品傲腾系列。我们记得50年前英特尔最初的主营业务就是存储芯片,如今傲腾系列产品的推出,是否又是一种轮回呢?

第 6 章　扼住全球半导体产业的命脉

芯片是信息时代的"石油"。

谁能控制芯片,谁就能左右世界的命运。

6.1　招招鲜——空前强大的美国半导体产业

在过去的七十年里,除了在 20 世纪 80 年代被日本短暂超越以外,美国在全球半导体市场中一直居于主导地位。2019 年,国际权威机构发布了全球十大半导体厂商排行榜[⊖],前十大半导体供应商中,美国占据 5 席。

排名	供应商	国家/地区	营业收入/百万美元	市场份额
1	英特尔	美国	65793	15.73%
2	三星电子	韩国	52214	12.48%
3	SK 海力士	韩国	22478	5.37%
4	美光科技	美国	20056	4.79%
5	博通	美国	15293	3.66%
6	高通	美国	13537	3.24%
7	德州仪器	美国	13203	3.16%
8	意法半导体	欧洲	9017	2.16%
9	东芝存储(KIOXIA)	日本	8797	2.10%
10	恩智浦	欧洲	8745	2.09%
—	其他		189169	45.22%
—	总市场		418302	100.00%

2019 年全球前十半导体厂商排名

⊖ 海思,主要营收来自华为内部销售,国际研究机构暂未将其列入独立的半导体企业统计口径。2019 年其营收为 115.5 亿美元,如列入统计,则排名第 8 位。

美国的半导体产业有着其他地区无法比拟的优势——半导体产业诞生于美国。回顾历史，从晶体管、集成电路、超大规模集成电路，到个人计算机、移动智能终端、人工智能芯片等的发展，半导体产业几乎所有的重要突破和变革都始于美国。技术上的领先和产品创新，不仅意味着更高的销售额和毛利率。更重要的是，可以对后来者制定游戏规则，第一个吃螃蟹的人往往可以在赛场中兼有"裁判"和"选手"的双重身份。我们常说，一流的企业卖"标准"，半导体产业的大多数标准都是美国企业制定的。

俗话说，一招鲜，吃遍天。但对美国来说，在半导体产业里，它几乎是招招鲜。

芯片制造的产业链很长，经过几十年的发展，在原材料、专用设备、高端芯片设计、先进制造和封测等各个环节都有垄断性的企业存在，而这些企业一般都分布在不同的国家。一个环节的缺失就能卡住整个产业链，需要广泛的国际化合作，才能最终生产出可用的芯片。美国半导体产业的强大不仅体现在总量上，更重要的是在各细分领域，几乎没有短板。

在装备制造领域，全球排名前5的半导体设备厂商，美国公司独占三家，分别是应用材料、泛林科技和科天半导体。这三家都是综合性半导体设备供应商，能够提供半导体制造过程中几乎所有环节的设备，包括沉积、刻蚀、离子注入、退火、抛光、检测设备等。

我们所熟知的光刻机之王——阿斯麦（ASML）虽然是荷兰公司，但是它在美国纳斯达克上市，第一大股东资本国际集团（Capital Group International，持股15.36%）和第二大股东黑石集团（BlackRock，持股6.44%）都是美国公司，更重要的是阿斯麦众多零部件来自美国供应商。根据美国法律规定，使用美国技术占比超过25%的产品出口将受美国"出口管制"约束。

在芯片制造领域，英特尔和格罗方德都是全球知名的企业。格罗方德成立于2009年，是从AMD剥离出来的纯代工厂，而英特尔一直坚持IDM路线，是推动半导体工艺按照"摩尔定律"演进的中坚力量。随着工艺的演进,芯片制造工厂的投资规模动辄百亿美元以上,能够量产 14 纳米以下先进工艺的厂商全球只剩下英特尔、三星和台积电三家。

在芯片设计领域,美国更是独占鳌头,2018 年全球前十大 Fabless 公司中美国占有 6 家,前三大 Fabless 公司全是美国公司。在全球个人计算机和数据中心市场,美国的英特尔、AMD 和英伟达占据绝对统治地位。在移动通信领域,美国的高通是全球最大的移动处理芯片供应商,其生产骁龙芯片垄断了几乎所有安卓系列旗舰机型(除华为)。每年,各大手机厂商为了能够拿到高通最新款的芯片几乎打得头破血流。更重要的是,高通手里还握有十三万多项移动通信专利,无论 2G、3G、4G 还是 5G,只要你是使用移动通信网络的设备生产商,就需要按产品售价的比例向高通交专利授权费,全球手机厂商苦不堪言,这个费用也被戏称为"高通税"。在移动通信必不可少的射频前端芯片市场,Skyworks、Avago(2015 年被博通收购)和 Qorvo 占据了全球 90% 以上的市场份额,而这三家都是美国公司。

排名	供应商	国家/地区	营业收入/百万美元
1	博通(Broadcom)	美国	17246
2	高通(Qualcomm)	美国	14518
3	英伟达(Invidia)	美国	10125
4	联发科(Media Tek)	中国台湾	7962
5	超微(AMD)	美国	6731
6	赛灵思(Xilinx)	美国	3236
7	美满电子(Marvell)	美国	2708
8	联咏(Novatek)	中国台湾	2085
9	瑞昱(Realtek)	中国台湾	1965
10	戴乐格(Dialog)	德国	1421

2019 年全球前十大 IC 设计厂商排名 ⊖

⊖ 数据来自 TrendForce。仅统计了公开财报的前十大厂商。博通仅统计了其半导体部门收入,高通仅统计了 QCT 部门收入,英伟达则扣除了 OEM/IP 收入、海思如前述原因未列入统计,如列入则排名第 4 位。

在模拟电路和分立元器件领域，德州仪器牢牢地占据了模拟市场的半壁江山。模拟芯片的特点是产品工艺升级慢，生命周期长。德州仪器算得上是半导体领域最长寿的企业之一了，它成立于1930年，至今已90岁高龄。经过近一个世纪的积累，德州仪器坐拥一万多款模拟IC芯片产品，并且是全球第一家使用12英寸晶圆生产模拟IC的企业，产品线全面，成本低，护城河极为深厚。除了德州仪器以外，美国的ADI、美信（Maxim）、ON-Semi、Microchip等都是全球排名前十的模拟芯片供应商。目前特别火热的第三代半导体革命，也是由美国引领，美国的Cree、II-IV、道康宁（Dow Corning）等占据全球SiC晶圆市场的70%~80%。

在其他领域也是如此。FPGA市场全球前五的厂家全在美国，垄断了全球99%以上的市场。芯片设计必不可少的EDA设计工具，更是完全掌握在美国公司手中。在封装测试领域，美国安靠（Amkor）全球排名第二，仅次于中国台湾的日月光。在半导体材料领域，虽然整体被日本垄断，但美国也不是毫无建树，比如美国的陶氏化学就是半导体材料巨头，产品涉及光刻胶、CMP研磨液等多类电子化学品。

美国之所以能够在世界如此强势，半导体产业的全面和强大是其重要信心来源。

6.2 踢梯子——游戏规则的制订者

美国半导体产业的强大，不仅体现在总量上，更重要的是在各细分领域几乎没有短板，于是总是在积极地为后来者制订游戏规则。美国一直非常重视自身在半导体产业中的领导地位，一旦其他国家有对美国造成潜在的威胁，它就会毫不留情予以打击。

回顾美国半导体产业发展之路，我们发现，美国政府确实是半导体产业的最大风险投资家和战略规划师。在半导体产业发展的不同阶段，美国政府从资金支持、技术推动、产业结构调整等多个角度进行了主动干预。

第 6 章　扼住全球半导体产业的命脉

第二次世界大战期间，电子信息技术在电子对抗、破解密码、弹道计算等方面的突出表现，让美国意识到半导体产业的重要战略价值。

在半导体发展早期阶段，晶体管、微处理器、存储器这类半导体固态电子器件的研发成本大、风险高、技术更迭快、回报周期长，没有私人资本敢于投资。但极具战略眼光的美国政府坚持不计代价的大规模投入，美国军方不仅通过项目形式直接支持斯坦福大学、贝尔实验室、仙童半导体等大学和科研机构进行技术研发，更在企业做出产品后，直接给予大量订单，为其后续发展奠定了基础。20 世纪 50 年代中期到 60 年代初，至少 70%～80% 半导体企业研发经费是从政府的采购合同中获得的㊀。据美国商务部 1960 年的统计，美国军方在 20 世纪 50 年代末为购买电子元件、设备所付出的平均单位价格大约是私人用户的两倍。仙童公司曾开发平面型晶体管新技术时，陷入流动性困境，空军"民兵导弹计划"立即和其签订 150 万美元硅材料晶体管供货合同，使其研发资金紧张的情况得到大大缓解。

后来，随着半导体产业的发展，市场的扩大，私人资本逐渐介入进来，美国政府又适时地推出了《小企业投资公司法》《信贷担保法案》等十几部法律，鼓励风险投资，进一步推动了半导体的技术创新和产业化。

待产业进入高速成长期时，美国政府就开始逐渐淡化对产业的干预，通过"第二供货商"、禁止行业垄断等政策上的调整，为企业间的充分竞争扫清障碍，从而促进了产业的整体繁荣。

19 世纪 20 年代，鼓吹贸易保护的德国经济学家李斯特在《政治经济学的国民经济体系》中提出了一个"踢开梯子"的说法，即"这本来是一个极为寻常的巧妙手法，一个人当他已经攀上高峰以后，就会把逐步攀高时所使用的那个梯子一脚踢开，以免别人跟

㊀ 资料来源：Tilton,"International Diffusion of Technology: The Case of Semiconductor"。

上来。"

美国政府深谙此道,当美国已经攀登到半导体产业的高峰以后,绝不允许有任何国家挑战自己独一无二的产业主导地位。

20世纪80年代,日本半导体产业崛起,美国对此迅速做出战略调整,1985年,美国半导体产业协会(Semiconductor Industry Association)以1974年贸易法下的301条款对日本半导体厂商发起反倾销的诉讼,认定日本质优价廉的半导体产品是扰乱市场、低价倾销,逼迫日本政府进行半导体产业谈判。1986年,双方正式签署《美日半导体贸易协议》,协议强制要求日本开放国内市场,禁止日本企业在美国投资,并限定日本出口美国半导体价格。加之"广场协议"后日元的不断升值,日本半导体产业逐渐衰落下来。到了2019年,世界半导体前十名的企业中,已无日本企业踪迹。

如今,我国大陆半导体产业迅猛发展,也再次引来美国的警惕。近年来,美国政府否决了一系列的中国企业对美国半导体企业的投资案,相关投资几乎完全停滞。

2016年3月,美国对中兴发起制裁,理由是中兴违反美国对伊朗出口管制政策。最终,中兴向美政府支付11.9亿美元罚金。时隔不久,2018年4月美国商务部再次对中兴发起制裁,禁止中兴向美国企业购买芯片,理由是中兴当年承诺处罚35名员工,但并未进行实际处罚,这理由确实让全世界目瞪口呆。即便如此,中兴也没有其他更好的选择。如果离开美国芯片的供应,这个中国第二、全球第四大电信公司的所有业务极有可能面临毁灭性的打击。据第三方机构统计,中兴公司一半以上的芯片供应来自于美国,其中大多数属于核心芯片。最终,在多方斡旋下,美国暂缓禁令,而中兴则付出了14亿美元巨额罚金、董事会和管理层全部改组以及美方长达10年入场监管的代价。中国人第一次强烈感受到美国半导体霸权。

中兴事件刚告一段落,美国便对华为故技重施。2018年8月美国通过《国防授权法》,禁止美国政府机构和承包商使用华为和其他中国公司的某些技术,并向日本、欧盟等盟友施压,要求他们也避免

第6章 掐住全球半导体产业的命脉

76 岁创始人侯为贵赴美斡旋

使用华为设备。12 月，应美国要求，加拿大方面在华为首席财务官、任正非女儿孟晚舟入境时将其逮捕。到了 2019 年，美国进一步将华为及其 70 家附属公司列入"实体名单"，禁止美企向华为出售相关技术和产品，主要就是芯片产品。30 多年前的日本，是在技术水平、产业规模全面超越美国，让美国半导体产业有崩溃危险时，受到了来自美国的巨大压力。30 多年后的中国，半导体技术水平、产业规模距离美国尚远，普遍预测还需 10～20 年才有望总体上赶上美国，就已经受到了来自美国的部分政策封锁。有什么途径，能够打破美国对全球半导体产业的垄断，避开这把悬在头顶的达摩克利斯之剑呢？

一天悬在头顶，一天难以"芯安理得"。

昔日登上王座的日本

第 3 篇
芯挂两头

眼看他起高楼，

眼看他宴宾客，

...

第 7 章　亦曾一统天下横扫六合八荒

现在的日本人总爱把"古き良き時代"（逝去的美好时代）一词挂在嘴边，当他们说起这个词时，脑海中都有一幅共同的画面：第二次世界大战后至 20 世纪 80 年代末泡沫经济破灭前的昭和后半期的繁荣景象。

在第二次世界大战结束后，日本采取了顺势而为的战略，趁着战后美国"援日抗苏"的有利外部条件不断引进技术，从 20 世纪 50 年代开始以低价获取了大量美国技术的授权，特别是半导体技术，并在存储领域获得了绝对优势，成为美国之外最先从半导体产业分得一杯羹的国家。

7.1　晶体管时代的索尼传奇

1950 年，日本东通工株式会社（索尼前身）的井深先生在美国杂志上看到了贝尔实验室发明晶体管的报道。他的第一反应是：这种东西能有市场吗？很难想象它能有什么发展前景。

两年之后，井深先生给自己安排了一个美国商务考察，当时考察任务中并不包括晶体管技术。也许是缘分，在美国期间，有一位当地朋友主动找上门来，表示美国西部电子公司（Western Electric）愿意向其他企业转让新获得的晶体管专利。晶体管技术虽然是由贝尔实验室肖克莱博士、巴丁博士、柏来顿博士联合发明的，但专利权掌握在贝尔实验室的母公司西部电子公司手里。井深立即意识到，这就是东通工成立的初衷，就是要做（日本）大公司都做不了的新技术！

1953年，东通工最终以900万日元（约2.5万美元）的价格从美国西部电子公司引进了晶体管技术。这对东通工而言是绝对的高价，但在市场上是一个真正的低价！要知道肖克利最初研发晶体管时，贝尔实验室连续投入了2.23亿美元（用于1948—1957年的研发和优化，其中美国军方承担了近40%的费用）。

当时，晶体管制造的原材料利用率只有5%，即使在美国也只能用于不计成本的国防领域，民间只有助听器这么一个狭小的应用方向。这一美国技术拥有的商业应用机会看起来不是太多，也许这就是当初东通工能够以"较低"价格拿到授权的主要原因。

但是，东通工要制造美国人都没研制出来的晶体管收音机！

正因为原材料利用率特别低，才值得干。原材料利用低，只要将利用率提高就可以了，又不是其他什么不可克服的困难。这就是东通工，这就是两年后的索尼一直所坚信的。

东通工借助晶体管技术，在1955年发布了第一款袖珍收音机TR-55，使用了索尼商标，1958年公司也正式更名为索尼，从此成就一代传奇电子企业。

因索尼对技术的不懈追求诞生了隧道二极管。

当索尼在全球首次研制出晶体管收音机时，它面对的是诱人的蓝海。仅仅三年后，日本乃至美国的模仿者蜂拥而至，索尼的晶体管收音机已处于惨烈的价格大战之中，远远不及当初刚推出时独步天下的幸福时光。索尼没有纠缠于价格战，而是迅速将重心从原有的中波收音机转移到短波和调频收音机上。然而挑战来了，如何研制出可靠的短波晶体管，还有调频用的高频晶体管？索尼技术负责人江崎经过研究发现，只要将原材料磷的浓度控制在特定值以下即可生产出合格的晶体管，他由此发明了隧道二极管。

隧道二极管，又称为江崎二极管，它是以隧道效应电流为主要电流分量的晶体二极管。隧道二极管是采用砷化镓和锑化镓等材料混合制成的半导体二极管，其优点是开关特性好、速度快、工作频率高，一般应用于某些开关电路或高频振荡等电路中。隧道二极管是人类进入电子时代后的一项伟大发明，是硅时代的重要里程碑。为此，发明人江崎赢得了 1973 年诺贝尔物理学奖。

又是索尼，引领了半导体的一场革命。

1960 年，索尼意识到基础研究对公司发展半导体产业的重要性，决定设立索尼研究所。研究所的目标是 10～20 年后的半导体技术趋势，围绕半导体及其周边学科进行前沿研究。索尼总部本身有一个技术开发部门，但索尼理性地认识到（基础）研究与（技术）开发并不是一回事（这一理念在今天看来仍是非常精辟，对我国科技政策和产业政策有很大启发），因此刻意地将索尼研究所设立在与总部有一定距离的地方。索尼研究所的研究人员有极高的自由度，重视自由远胜过重视传统。研究所流行的说法包括："你有了好主意，为什么不干？你尽管干好了。""领导研究开发的人不能与公司一般的研究人员一样总待在研究所里，应该到外面去走走，多与外面的人吃饭，在吃饭中了解外部的动向。领导人就是需要把从外部了解到的情况应用到研究开发中去。"

1974 年以后，在第四任所长领导下，索尼研究所攻克了 CCD 半导体技术，奠定了索尼此后 30 年"图像之王"的技术基础，再次印证了研究所着眼于未来基础技术的正确性。

就在攻关 CCD 的同时，索尼放弃了 MOS 技术这一研究方向，这决定了索尼在之后的将近 50 年时间内，在功率器件上几无建树。CCD 与 MOS 架构相似，这是鱼与熊掌不可兼得，还是错失了一个巨大的市场呢？

7.2 集成电路时代的以市场换技术

日后成为全球半导体霸主的日本 NEC 在 1962 年初从美国仙童半导体公司购买了平面光刻生产工艺，解决了集成电路制造生产的问题，其生产效率突飞猛进，效果立竿见影。

1961 年，NEC 集成电路的产量只有 50 块；1962 年，产量暴增至

1.18万块，1965年则达到了5万块。

同一时期，日本日立与美国无线电公司，日本东芝与美国通用电气公司纷纷签订了技术转让协议。而日本索尼公司在与美国德州仪器公司历经4年反复磋商后，也于1968年在日本成立了各自占股50%的合资公司。该合资公司是日本"以市场换技术"套路的典范，德州仪器必须在合资公司成立后的3年内，向日本公布与集成电路工艺相关的专利。

7.3 官、产、学、研闷声追赶的举国模式

到20世纪70年代，日本已建立了"官、产、学、研"一体化的产业发展制度，采取了闷声追赶的"举国模式"，而日本举国攻克的重点正是半导体。

20世纪70年代的日本虽然可以制造出DRAM，但关键设备和材料还是需要依赖美国。为了不活在美国的阴影里，日本半导体技术还需要经过一个改良的过程，这包括技术改良和产业体系改良。1974年，就在石油危机爆发后的第二年，日本政府批准了"VLSI（超大规模集成电路）计划"。日本政府在1976年撮合日立、NEC、富士通、三菱、东芝五大公司筹集720亿日元（2.36亿美元，相当于今天的数百亿美元）设立"VLSI技术研究所"，由此开启了一场蔚为壮观的、针对DRAM存储器的大攻坚。DRAM即动态随机存取存储器，是目前最常见的系统内存，在当时几乎是半导体芯片的全部市场，如今以CPU为主业的英特尔，在当时也是以DRAM为主要收入来源。

日本举国攻克半导体的战略，是有一套行之有效的技术攻关体系的，具体来说是通过六个研究室实现的：

• 第一研究室设在日本日立株式会社，负责研制电子束扫描装置和微缩投影紫外线曝光装置。

• 第二研究室设在日本富士通株式会社，负责研制可变尺寸矩

形电子束扫描装置。

- 第三研究室设在日本东芝株式会社,负责研制 EB 扫描装置与制版复印装置。
- 第四研究室设在日本电气综合研究所,负责对硅材料进行技术开发。
- 第五研究室设在日本三菱电机株式会社,负责开发集成电路工艺技术与最关键的投影曝光装置。
- 第六研究室设在日本 NEC 株式会社,负责进行集成电路产品的封装设计、测试、评估研究。

日本的"硅岛"——九州岛

VLSI 成果惊人,在该计划启动的第 4 年(即 1980 年),美国惠普公司招标采购 16KB DRAM 内存,日本 NEC、日立和富士通完胜美国的英特尔、德州仪器和莫斯泰克三巨头。有一个小数据反映了日本赶超美国的成效,当时日本质量最差公司的 DRAM 产品的不合格率,也只有美国质量最好公司同类产品的 $\frac{1}{6}$。

VLSI 开始的第 6 年(1982 年),日本成为全球最大的 DRAM 生产国。VLSI 开始的第 9 年(1985 年),日本 NEC 登上全球半导体厂商年销售收入榜首，并在之后连续7年稳坐头把交椅。1985年，远在大洋彼岸的同行——美国英特尔，则因为经营不善被迫关闭了7座工厂并裁员7200人，曾经占有DRAM市场80%的英特尔不得不彻底退出存储器市场。

　　日本的举国战略，深深地震撼了美国同行。因为日本不仅仅举国发展半导体，而且有层次、有梯度地全面布局半导体产业。以存储器芯片为例，日本公司如果把一整幢楼用于存储芯片研发，那么大家会看到在第一层楼的技术人员在研发当前市场主流的16KB容量产品，而第二层楼的技术人员则在开发预计两至三年后推向市场的64KB容量产品，第三层楼的技术人员则在储备256KB容量产品的技术。日本人这种研发节奏就是传说中的三箭齐发，让习惯了单手耍刀的硅谷企业毫无招架之力。

第 8 章　终究两份协议输掉产业先机

8.1　把美国逼到了墙角

在日本"咄咄逼人"的进攻下，美国的芯片公司兵败如山倒，财务数据就像融化的冰淇淋，一塌糊涂。

1981 年，AMD 净利润下降 $\frac{2}{3}$。美国国家半导体公司净利润从 1980 年的 5200 万美元直接下滑到亏损 1100 万美元。1982 年，英特尔被逼裁掉 2000 名员工，1985 年宣布竞争失败，直接退出 DRAM 存储业务；当年英特尔在存储芯片业务上损失了 1.73 亿美元，也是其上市以来的首次亏损。在英特尔最危急的时刻，如果不是 IBM 施以援手，购买了英特尔发行的债券，这家芯片巨头很可能会倒闭或者被收购，美国电子工业史可能因此大幅改写。英特尔创始人诺伊斯哀叹，美国进入了半导体产业衰落的进程，他断言，这种状况如果继续下去，硅谷将成为废墟。

更让美国人难以容忍的是，日本富士通公司打算收购仙童半导体公司 80% 的股份。众所周知，仙童半导体公司是硅谷的活化石，是硅谷技术的源泉，领军人物的诞生地。在硅谷乃至全美心目中，仙童半导体公司是神一般的存在，如果日本人买走他们的"神"，一家外国公司成为美国高科技之"神"的主人，这意味着什么？有一家美国报纸在报道中写道："这笔交易通过一条消息告诉我们，我们已经很落后了，重要的是我们该如何对此做出应对。"

英特尔放弃存储业务进入微处理器领域

美国半导体行业协会最终扮演了力挽狂澜的角色，当然，对日本来说是其半导体产业的掘墓人。

1985年6月，美国半导体行业协会炮制出一个让美国政府必须严肃对待的观点，也让美国政府终于下定决心认真对付日本半导体的威胁。美国半导体行业协会的观点是"美国半导体行业的削弱将给国家安全带来重大风险"（"安全"永远是美国政府考虑问题和决策的命门要害！）。其逻辑如下：

首先，超级武器技术离不开超级电子技术，超级电子技术又离不开最新的半导体技术。

然后，如果美国的半导体技术落后，美国军方将被迫在关键电子部件上使用外国产品，包括日本产品。

最后，外国半导体产品肯定不那么可靠，特别是会在战争时期对美国断货，非战争时期还会向美国的对手苏联供货。

结论，如果美国放任日本在半导体芯片领域称王称霸，那么美国将毫无国家安全可言。

美国人砸日本的半导体收音机发泄不满

美国半导体行业协会的"国家安全说"效果惊人,美国政府醍醐灌顶,从原来的磨磨唧唧变成快马加鞭,立刻与日本开展国家级的谈判磋商。

1986年春,日本被认定为只读存储器倾销。1986年9月,《美日半导体协议》签署,要求日本开放半导体市场,保证5年内国外公司获得20%市场份额。不久,美国对日本出口的价值3亿美元的芯片征收了100%惩罚性关税,并否决了富士通收购仙童半导体公司的计划。

美国这一波操作至少开创了两个先河:首先是第一次对盟友的经济利益进行打击;其次是第一次以国家安全为由,将科技争端和贸易争端从经济学问题变成政治经济学问题(中国华为是美国政府第二次以国家安全为由的科技贸易行动对象)。

负责和日本交涉的美国亚洲地区首席贸易代表克莱德·普雷斯托维茨,一面指责日本的半导体芯片产业政策不合理,一面又对日本的举国政策赞叹不已。汤之上隆是畅销书《日本电子制造为什么会没落》的作者,他曾在日立制作所和日本尔必达公司从业多年,具有丰富的半导体产业从业经验。对于普雷斯托维茨的双重标准,他在书中表达了愤慨:"这人实在是欺人太甚!"

8.2 美国敲开日本大门

一直以来美国对国家间的技术竞争非常敏感。1978 年,美国《财富》杂志刊登了《硅谷的日本间谍》的报道,1981 年 3 月和 12 月又分别两次刊登了类似报道。1983 年,《商业周刊》杂志更是刊登了长达 11 页的《芯片战争:日本的威胁》专题,这为美国半导体行业敲响了警钟。

1991 年 3 月 22 日,美国参议院国际贸易委员会、财政委员会就《美日半导体协议》举行听证会,这是一个特殊的时刻,1986 年签署的《美日半导体协议》将于 1991 年 7 月到期,美国和日本当时正在就一项新的半导体协议进行谈判。

民主党参议员马克斯·鲍卡斯为听证会致了开幕辞,表明在《美日半导体协议》执行的 5 年后,美国仍然视日本为本国半导体产业的最大威胁。他说,在未来 10 年里美国的国家安全将取决于他们能出口多少产品,也取决于他们有能力投放多少炸弹;美国在与苏联的军备竞赛中已经大获全胜,但在与日本和德国的经济竞赛中,仅仅并驾齐驱,因此美国的经济安全正面临严重的问题。鲍卡斯更强调说,在 1980 年前后美国还是世界半导体设计和制造领域无可置疑的领导者,但这种情况已经彻底改变了,从 1980 年到 1989 年,美国在世界半导体市场的份额从 57% 下降到了 35%,与此同时日本的份额从 27% 上升到 52%。美国在世界半导体市场上的份额继续以每年 2% 的速度萎缩。1980 年,世界前五大半导体设备制造商还都是美国公司,但到 1991 年,前五大公司中已经有四家是日本公司了。

从美国人的视角来看,美国为什么会在日本面前丧失半导体领导地位?美国人承认日本公司一直非常勤奋,投入了大量资金进行技术开发,并产生了卓有成效的创新。但美国人最终还是将美国半导体企业的竞争困境更多归罪于日本的掠夺性贸易行为。

美国人坚信，是日本封闭的半导体市场带来了最大的问题。20世纪70年代，日本许多将美国企业拒之门外的配额和正式壁垒已经消除，但其非正式的壁垒依然存在，因此美国在日本的市场份额远远落后于在其他国家和地区的市场份额。例如，美国在欧洲芯片市场的份额是42%，而在日本的份额只有12%。这非常重要，因为日本在1990年前后是世界上最大的半导体市场（这点与2020年前后的中美市场情况类似）。1989年，日本的计算机芯片市场规模为230亿美元，而美国的计算机芯片市场规模为179亿美元。

美国人认为，日本封闭的国内市场允许日本企业在国内赚取超额利润，以支撑其"海外倾销"。20世纪80年代中期，美国企业受到日本倾销的沉重打击。美国商务部"发现了"许多日本公司倾销的案例，结果造成1985年和1986年DRAM存储芯片领域的八家美国公司中有六家被赶出了市场。对于另一种存储芯片EPROM，美国商务部选择征收高达180%的关税，为美国本土企业创造安全的竞争环境。

为了扭转美国在半导体领域相对日本的劣势，美国政府通过多种方式对日本施压，并于1986年9月签署《美日半导体协议》，具体包括三项主要条款。

其一，日本同意向美国开放半导体市场，目标是到1991年外国公司在日本市场的份额达到20%。

其二，日本同意停止向美国市场倾销芯片。

其三，日本同意停止在第三方市场倾销芯片。

美国人从自身视角看，这份协议只实现了部分效果。有了协议，日本停止了在美国和第三方市场的倾销，但美国在日本的芯片销售仍然远远落后于在其他市场的芯片销售，虽然1986年外国企业在日本市场的份额已经从8.7%上升到13.3%，但仍然远远低于协议中设定的20%的目标，但美国相信如果没有这个协议，情况会更加糟糕。同期日本企业在美国的市场份额是21%左右，其他外国制造商大约在7%的水平。基于此，虽然有了《美日半导体协议》，但美国仍以日本违反市场准入规定为由,于 1987 年,根据 301 条款,对日本实施了长期贸易制裁,并将外国在日本半导体市场份额超过 20% 作为解除制裁的主要条件。

美国认为其与日本的关系很棘手,因为日本仍占美国与世界其他国家和地区贸易逆差的近一半。

美国本土半导体企业是怎么看待日本同行的呢?

德州仪器公司(TI)的董事长兼总裁琼金斯先生代表美国半导体产业作了证词,他坚定地认为日本远未实现 1986 年半导体协议的目标。美国半导体产业界督促国会尽快谈成一项新的半导体协议,目的是实现 1986 年半导体协议的目标。琼金斯以设问的方式,提出了五个问题(深刻理解琼金斯在 28 年前的这五个问题,有助于弄清楚当前美国对华半导体政策的出发点):

其一,半导体对美国重要吗?极端重要,美国高科技产业的全部未来,将取决于美国半导体在国际上的竞争能力。半导体是电子工业的基石。如果要挑选一项技术,能够使我们的军事领导和训练有素的士兵在海湾战争中成功完成任务,那就是半导体技术。无论是火控系统、通信设备,还是精密武器的大脑,都高度依赖于半导体的数据处理。

其二,美国偏高的资本成本会让美国半导体企业在国际竞争中获胜吗?产业界认为,美国与日本的差距今后会缩小,但如果不改变当前的产业政策和国际贸易政策,将难以消除这个差距。

其三,全球知识产权保护是否到位,创新者能否从其研究和开发成果中获得公平的价值?美国情况似乎如此,但琼金斯认为美国的许多贸易伙伴存在严重的知识产权问题。

其四,美国是否会对倾销和市场准入等不公平贸易行为快速反应?在 20 世纪 60 年代和 70 年代,日本市场相对较小,外国生产商的进入障碍不被大家所重视。而到 1991 年,日本已经是世界上最大的半导体市场,缺乏市场准入意味着美国生产商不可能实现保持竞争力所需的规模经济。

其五，美国是否有能力和持久力在一个极具侵略性的全球环境中与竞争对手进行一场正面竞争？如果美国不能以肯定的回答回应上述四个问题，那么美国半导体企业60%甚至80%的投资都将付诸东流。

产业界认为，恢复美国半导体的竞争力和重新占领世界市场，主要是私营部门的责任，但美国的贸易政策对全球竞争环境有重要影响，产业界要求美国政府继续敦促日本开放半导体市场，美国政府要就产业界发起的对日半导体倾销指控做出积极而有效的反应。

美国敲开了日本大门，

同时也敲碎了日本半导体的霸主之梦。

8.3　韩国来的关键补刀

随着《美日半导体协议》的签署，原本处于浪潮之巅的日本半导体芯片产业掉头滑向深渊。日本半导体产业的市场份额从1986年占全球的40%一路跌到2011年的15%，其中DRAM行业受打击最大，市场份额从占全球的80%，一路跌到2010年的10%。可以说，经历这一时期，日本半导体产业此前丰厚的积累，已经消耗殆尽，举国辛苦奋斗十一年（1975—1986年），一夜被打回原形。

但日本人吐出的肉，并没有落到美国人嘴里，因为此前在日本的强大竞争力下，硅谷超过七成的科技公司早就砍掉了DRAM业务，特别是像英特尔、AMD这样的巨人。1986年之后，美国在DRAM的市场份额一直在20%左右徘徊。

日本让出的70%巨量市场，几乎都被韩国吃进了。

美国虽然用《美日半导体协议》束缚日本，并挥动反倾销大棒对其打压，但日本半导体存储芯片产业受的只是皮肉伤，因为超过七成的硅谷企业已经退出了半导体存储芯片行业，市场仍然牢牢掌握在日本企业手中，熬过这个冬天，日本仍然是半导体存储芯片产业里一支难以替代的力量。

随着三星加入战团并主动站队美国后，难以替代的日本一下子变得可有可无，韩国从此成为产业新宠。随后，三星的DRAM"双向型数据通选方案"获得美国半导体标准化委员会认可，成为与微处理器匹配的内存，而日本则被排除在外。这样，三星顺利搭上个人计算机的时代快车，开始领先日本企业。

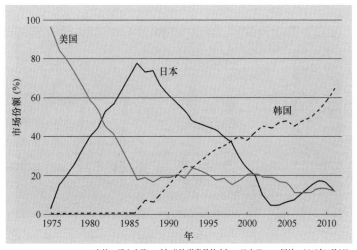

出处，汤之上隆，《尔必达到底是什么》，日本JBpress网站，2012年4月5日

日本、韩国、美国存储业务变迁

从上图中可以看到，日本的市场份额呈断崖式下跌，韩国的则是一条陡峭的上升曲线，一上一下两条线组成一把巨大的剪刀，剪掉的是日本半导体芯片的未来。日本丢失的半导体存储芯片市场份额，几乎都进了以三星为首的韩国企业嘴里。韩国充分利用美国对日本的提防之心，迅速壮大存储芯片工业，这是日本彻底出局的重要因素。

此后，即使日本政府密集出台半导体产业扶持政策，并投入大量资金，也无力回天，日本半导体芯片出局的命运已定。2018年6月1日，东芝宣布已完成出售旗下半导体公司的交易，交易对象是由美国贝恩资本牵头，日美韩财团组建的收购公司Pangea。尽管东芝拥有Pangea 40.2%股份，但大股东已易主贝恩资本。这被视作日本半导体产业衰败的另一标志性事件，标志着日本在半导体芯片领域基本出局。

此前，2018年全球销售收入排名前十五的半导体公司名单中，东芝半导体是硕果仅存的日本公司；交易完成后，日本公司再无一席之地。要知道，在日本半导体鼎盛时期的1993年，全球前十大半导体公司日本有其六，第一大就是日本公司NEC。

东芝存储业务出售

第 9 章 三张王牌依然傲视全球

9.1 索尼 CIS：最为明亮的眼睛

CIS，即 CMOS 图像传感器，广泛应用于手机摄像头、计算机摄像头、数码相机、机器人视觉、安全监控等领域，相当于人的眼睛。

CIS 是一种典型的固体成像传感器，与 CCD 有着很深的历史渊源。而正如前文所述，日本索尼公司在 20 世纪 70 年代起，即在 CCD 上有全球首屈一指的技术；显而易见，索尼 CIS 是基于公司过去研发 CCD 技术的长期沉淀和积累。

9.1.1 稳坐消费电子 CIS 龙头

2016 年，索尼 CMOS 图像传感器销售收入为 4.858 亿美元，占当年全球 CIS 总营收份额的 42%，紧随其后的韩国三星和中国豪威科技的份额则为 18% 和 12%，可见日本索尼在 CIS 上是处于绝对垄断地位。2017 年，以出货量为基准，在移动 CIS 市场上，索尼和三星的市场占有率分别达到了 31.5% 和 30.3%，而中国本土厂商格科微电子市场占有率为 10.2%，中资背景的豪威科技的市场占有率为 15.0%。如果将目标锁定在旗舰和高端机型，索尼和三星的市场份额则接近 100%。

从 2018 年 CIS 全球竞争态势看，日本索尼更是稳坐头把交椅。据统计，日本索尼占据了 CIS 市场整体 50.1% 的份额，韩国三星、中国豪威、美国安森美等各厂瓜分剩余半数市场。技术方面，日本索尼也一直保持遥遥领先，尤其是在手机应用方面，市场上重点型号手机采用日本索尼 CIS 的最多，其次为三星、豪威，但这两家不占主导地位。综合来看，索尼在产品数量和质量两方面均称雄于 CIS 市场。

9.1.2 要在技术十字路口选准方向

2000 年以来，每 3~5 年图像传感器领域就会出现一个关键技术节点。对于从事 CIS 的半导体企业而言，如果在技术方向选择上发生了失误，那么将会葬送公司的整个产品业务。

两个曾经的 CIS 霸主，都因为在技术方向上选错了路，最终落得满盘皆输，令人唏嘘。

一是日本三洋公司，在 CCD 技术上很有造诣。凭借 CCD 技术，2001 年三洋公司一度占有手机和数码相机摄像头 30% 以上的市场份额。犹如诺基亚当年坚信智能手机只会在小范围使用而不可能大面积取代传统手机一样，三洋公司坚信用户将会继续依赖 CCD 产品，CMOS 图像传感器只会有小众用途，因此并未给予 CMOS 图像传感器足够重视，更没有投入资源研发。其结果是，三洋公司在手机摄像头的市场份额，迅速从龙头老大削减为零。

另一是韩国现代公司，通过并购在 2005 年成为全球最大的 CMOS 图像传感器企业。在 2005—2006 年 3T 像素结构向 4T 像素结构技术转向之际，韩国现代认为，虽然 4T 比 3T 有更小的噪声、更好的性能，但 4T 结构大大加剧了控制部分的复杂度，始终坚持了 3T 的路线。紧接着在 2007 年，韩国现代又坚定地支持 EDOF 技术，这是一种扩展景深技术，当时诺基亚等重量级客户曾一度采用，但由于图像质量问题均迅速放弃。韩国现代两次的选择偏差，使其命运与日本三洋类似，彻底退出了手机摄像头市场。

2005 年以来，索尼在连续多达 5~6 次的技术十字路口，均把握住了正确的技术方向，并且在芯片设计技术、制造工艺、系统技术进行了全面而均衡的布局，这也是其今天稳坐 CMOS 图像传感器全球霸主地位的重要原因。

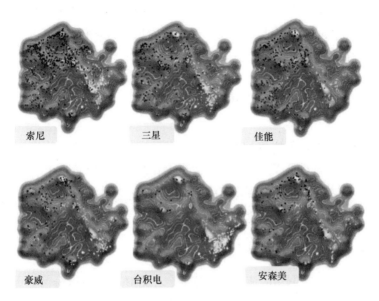

索尼与 CMOS 同行的专利布局比较

9.1.3　CIS 可能决定了索尼的前程

CMOS 图像传感器业务几乎是当前索尼展示其核心技术的主要途径,也是其盈利支柱之一,而在其传统支柱产业,无论是游戏、保险金融,还是电影制作与发行、音乐等领域,索尼在技术水平上以及规模体量上,都已经没有明显的领先优势。

然而,索尼并不能覆盖 CIS 的全部应用。严格来说,除了在消费电子市场一家独大之外,索尼在专业细分市场,特别是汽车电子市场上表现并不突出。在汽车电子市场,美国安森美占据主导地位,其市场份额近半,我国豪威科技的表现也优于索尼,而索尼市场份额不足 10%,只能以追赶者的身份存在。在安防市场上,安森美、豪威、三星、索尼和松下市场占有率都比较靠近,索尼缺乏领先优势。

近年来,消费电子市场逐步趋向饱和,增速放缓,而安防、汽车电子、工业电子、航空航天等专业应用快速兴起。未来几年,医疗电子、机器人视觉等细分领域预计也将迎来 CIS 应用的爆发。因此,这对眼睛究竟能否保持明亮如初,还得看索尼能否顺利挺进专业领域,以保持在整体 CIS 市场的竞争力。

9.2 半导体装备:依然强悍的躯干

我们常说,芯片是工业的大脑,发动机是工业的心脏,装备是工业的躯干,材料是工业的血液。而躯干和血液,是维持一个人生存最重要的两大元素;映射到集成电路产业亦然,现代芯片工业的两大基石,恰恰正是半导体装备和材料。

9.2.1 半导体装备的基本体系

从芯片加工制造的流程环节来看,半导体装备可以分为四大类:前道半导体设备,前道检测设备,后道半导体设备,后道检测设备。

前道半导体设备一般指的是芯片加工制造环节用到的各种专用设备,包括曝光设备、电子束描画设备、涂胶显影设备、干法刻蚀设备、氧化炉、减压 CVD 设备、等离子 CVD 设备、金属 CVD 设备、溅射设备、CMP 设备、电镀设备、清洗设备等。

前道检测设备一般指的是芯片加工制造过程中需要用到的检测设备,包括中间掩膜检测设备、晶圆检测设备等。

后道半导体设备一般指的是芯片加工制造完成后封装环节用到的专用设备,包括划片机、粘片机、丝焊设备、成型设备等。

后道检测设备一般指的是芯片封装后的测试环节用的专用设备,一般包括逻辑测试仪、内存测试仪、混合信号测试仪、探针台等。

9.2.2 日本占据了主要地位

前道半导体设备,通常被看作是半导体设备领域的核心装备,主要由日本、美国、欧盟、韩国四个地区的企业供应,以企业规模和设备重要性而论,日本、美国、荷兰遥遥领先;以企业数量而论,日本和欧盟排名靠前。

据第三方研究机构 Gartner 2018 年统计表明，全球规模以上半导体设备企业 58 家，其中日本企业为 21 家占 36%，高居第一，其次是欧盟 13 家、美国 10 家、韩国 7 家，我国以 4 家之数位列第五，占比略低于 7%。

日本的半导体装备企业几乎垄断了全球半导体设备市场，占全球总体市场份额接近 40%。在以电子束设备、涂胶显影设备、清洗设备、氧化炉、减压 CVD 设备等为代表的重要前端设备和以划片机为代表的重要后道封装设备，以及以探针台为代表的重要测试设备方面，日本企业均处于垄断地位，竞争力非常强。在前道半导体设备的六类产品中，日本市场份额占比超过 40%，在电子束、涂胶显影设备市场份额更是超过 90%；在后道 9 类关键设备中，日本企业平均市场份额为 41%，并且在划片、成型、探针的市场份额均已过半。

9.2.3 些许遗憾，脊梁失去了生长能力

光刻环节是半导体制造最重要的一环，其主要作用是将掩模版上的集成电路布线图转移到硅片上。光刻是集成电路制造中最复杂、最为关键的工艺步骤，其技术水平直接决定了芯片的工艺水平和综合性能。光刻环节耗费时间约占整个硅片制造时间的 40%，成本支出达到整个芯片制造成本的 $\frac{1}{3}$。光刻机作为芯片制造的核心设备，被誉为半导体产业皇冠上的明珠。

日本尼康曾经是光刻系统的领导者，在 20 世纪 90 年代一度占据全球一半以上的市场，1993 年时尼康和佳能合计市场占有率高达 75%。但短短二十二年后的 2015 年，荷兰阿斯麦在高端光刻机领域市场占有率达到了 81%，而尼康与佳能合计不到 19%。在荷兰阿斯麦快速登顶牢牢握住光刻机这一半导体制造关键技术的同时，日本佳能和尼康在光刻机的道路上只能无奈地戛然而止。

时至今日，光刻机进入 EUV 时代，荷兰阿斯麦作为唯一的玩家，

在短期内拥有无可撼动的垄断地位。日本佳能已经直接退出高端光刻机领域，仅保留低端光刻机系列产品。日本尼康在坚持了数年后，也宣布不再跟进开发更高端产品，让人心酸。

9.3 半导体材料：供应全球的血液

常用的半导体材料有 19 种，包括光掩膜、光刻胶、电子特气、靶材、保护涂膜、引线框架，封装材料等，日本企业在多达 14 种材料的市场份额上位居世界第一。

放眼望去，全球半导体材料几乎都被日本企业垄断。日本知名半导体企业包括信越、三菱住友、住友电木、日立化学、京瓷化学等。国际半导体产业协会分析表明，日本企业在全球半导体材料的市场份额占比常年超过一半，而北美和欧洲企业仅各占 15% 左右。

日本国内仅消耗全球半导体材料的 15%，这意味着其余 35% 以上的材料全部销往海外市场。因此，毫不夸张地说，全球集成电路产业的发展，都高度依赖日本企业源源不断地供血（半导体材料）。鉴于日本半导体材料产业在全球占有绝对优势，尤其是在硅晶圆、光刻胶、键合引线、模压树脂及引线框架等重要材料方面市场占有率很高，如果没有日本材料企业，短期内难以找到可替代的供应商，全球的半导体制造都将受到严重的影响。

晶圆方面，全球硅片行业已形成日本信越化学、日本三菱住友、我国台湾地区环球晶圆、德国世创和韩国 LG 五大供应商垄断的格局。这五家占据全球超过 90% 以上的硅片市场，其中日本厂商占比超过了 50%，信越化学占 27%、三菱住友占 26%。

光掩膜方面，大日本印刷株式会社、日本凸版印刷株式会社全球市场占有率超过 60%。

靶材方面，市场亦是高度集中，全球前六大厂商的市场占有率超过 90%，其中前两大厂商为日本信越化学和三菱住友，合计市场份额超过 50%。

光刻胶方面，日本的合成橡胶、东京应化、信越化学及富士电子四家企业占据了全球70%以上的市场份额，处于绝对垄断地位。

光阻剂是集成电路制造和封装工厂的常用材料，日本捷时雅、东京应化工业是该领域排名前二的厂商。

环氧树脂固态封装材料方面，前三名也都归属于日本厂商，住友化学位居全球第一。

导线架、底部填充剂、焊线材、聚醯亚胺、抗蚀剂等其他半导体材料方面，日本厂商也均居于行业主导地位。

稳扎稳打的欧洲

第 4 篇
独具匠芯

瑞士手表,坚守擅长的工艺和流程,保持极高的可靠性和稳定性,无人撼动,成就百年品牌。

这也是欧洲半导体产业的最佳写照。

第 10 章　从联合创新孵化出的半导体方阵

欧洲是第一次工业革命和第二次工业革命的诞生地，在全球最先发展出发达、成熟的工业体系，从欧洲也走出了全球第一批跨国巨头。第二次世界大战结束以后，由于半导体在军事和工业方面的广泛应用，全球各国政府都极为重视本国半导体产业的发展。但是欧洲各国在第二次世界大战中遭受到重创，战后人才也多数流失到美国，重建首要任务是解决粮食、燃料等生活必需品的问题，重点发展农业和制造业，对国防安全方面的投入十分有限。因此，欧洲政府没有能力、市场也没有空间来支撑独立的半导体公司发展，这导致早期欧洲的半导体产业主要依靠美国的技术支持，远远落后于美国和日本。

随着欧洲"再工业化"的完成，欧洲各大工业巨头也发展壮大起来，纷纷在公司内部设立了半导体研发及生产部门，寄望于借助半导体这一新兴技术进行产品升级。

到了 20 世纪 90 年代，半导体产业竞争加剧，大企业内的半导体部门意图拓展新的市场，而各大企业也要节省开支，欧洲的半导体公司便逐渐从所依附的企业中独立出来，经过一系列的淘汰和重组，最终形成了目前的产业格局。欧洲半导体产业三巨头，英飞凌脱胎于西门子，意法半导体（SGS-Thomson，ST）由法国汤姆逊公司的半导体部门和意大利 SGS 公司合并而成，而恩智浦的前身则是飞利浦的半导体业务部门。

欧洲国家小而多，难以在单一国家内形成完整的半导体产业闭环，各个国家充分发挥开放合作、突出优势的精神，发展出了各具特色的半导体产业方阵。

10.1　欧洲方阵

英国拥有丰富的教育资源，在芯片设计方面独具优势。在移动通信领域大放异彩的 ARM（安谋）总部就设立在英国剑桥大学附近。ARM 是处理器芯片 IP 提供商，全球 90% 以上的手机和平板电脑都采用 ARM 架构。2016 年 ARM 被软银以 320 亿美元巨资收购。英国还有另外一家 IP 供应商，名字叫 Imagination，是全球排名第三的图像处理、半导体 IP 授权公司。它主要提供移动设备上的 GPU IP，苹果公司、英特尔、三星都曾是它的客户，2017 年被我国凯桥资本收购。2020 年，Imagination 发布了自己最新的 IMG A 系列 GPU，不仅能用于智能手机，还可以用于平板电脑、电视、汽车和服务器等产品中。英国 CSR（Cambridge Silicon Radio）是全球知名的蓝牙接口芯片设计厂商，全球 50% 以上的蓝牙芯片采用他们的方案设计。2015 年高通以 24 亿美元完成对 CSR 的收购。

德国是欧洲工业中心，萨克森州首府德累斯顿被称为"德国硅谷"，是欧洲半导体行业的生产制造中心。德国半导体公司的收入占全欧洲的 $\frac{1}{3}$。英飞凌和博世已经连续多年占据全球功率半导体和汽车传感器第一的位置。戴乐格（Dialog）是全球排名第一的电源管理和嵌入式芯片解决方案提供商，其产品广泛被苹果公司、三星等消费电子巨头和汽车行业采用。世创（Siltronic AG）是全球第四大半导体硅晶圆厂。X-Fab 是全球著名的模拟电路、MEMS 等特殊工艺代工厂。德国的卡尔·蔡司虽然不是芯片公司，但其生产的光学系统，是全球最顶尖光刻机的核心零部件。

法国一向重视高科技产业发展，拥有四十多个高科技园区，其中最著名的半导体公司当属意法半导体（ST-Microelectronics），它是业内产品线最广的厂商之一，产品类型有三千多种，包括分立元器件、集成电路以及各种应用解决方案等。意法半导体由法国汤姆逊公司的半导体部门和意大利 SGS 公司合并而成，但有意思的是，其总部并没有设立在法国或意大利，而是在瑞士日内瓦。现在，意法半导体将智能驾驶和物联网作为未来发展重点。法国的 Soitec 是全球最先实现 FD-SOI（全耗尽型绝缘体上硅）量产的厂商。FD-SOI 硅片是超低功耗集成电路的最佳衬底，同时还提供了 22 纳米以下除鳍型晶体管外的技术路径。2018 年，中国硅产业集团收购了 Soitec 14.5% 的股权。

荷兰是欧洲少有的具有完整产业链的国家，最著名的企业当属恩智浦和阿斯麦。恩智浦是全球第一大车载芯片供应商；2015 年，恩智浦以 118 亿美元收购了美国飞思卡尔（Freescale），跻身全球前十大半导体厂商。阿斯麦是全球唯一能量产 EUV 光刻机的厂商，EUV 光刻机是 14 纳米以下先进工艺的核心制造装备，阿斯麦也因此成为全球半导体产业的无冕之王。为了支持阿斯麦的研发和保障光刻机的供货，英特尔、三星、台积电三巨头联袂对阿斯麦进行了投资。

除此以外，欧洲著名半导体厂商还有奥地利的奥地利电子（AMS）、比利时的迈来芯（Melexis）、芬兰的新欧科技（Okmetic）等。欧洲单个半导体公司的体量虽然不大，但往往都是各自领域的"隐形冠军"。他们就像欧洲中世纪的步兵方阵，分工明确、紧密配合，在全球半导体产业中横冲直突，成为一股不可小视的力量。

10.2 联合之路

第二次世界大战以后，欧洲各国意识到，要使欧洲实现持久和平与发展，必须走联合之路。1950 年，法国外长罗贝尔·舒曼公布了旨在实现欧洲煤钢联营的"舒曼宣言"，法国、西德、意大利、荷兰、比利时和卢森堡 6 国成立了欧洲煤钢共同体，这也是欧盟的前身。

在半导体产业方面，欧洲也走上了联合发展的道路，1984 年，在日本超大规模集成电路计划的启示下，欧洲启动了第一个跨国家的半导体产业扶持计划——欧洲信息技术研究发展战略计划（ESPRIT）。这个计划为期十年，总共筹资 47 亿欧洲当时货币单位，

第 10 章 从联合创新孵化出的半导体方阵

第一期主要进行信息技术产业所需的"预见性"技术、基础支撑技术和标准化工作的研发与推进；第二期则以基础研究和行业应用并重，重点发展先进信息技术在行业的应用。这一计划最大的特点是要求每一个申请项目都必须是多国合作，学术界与产业界合作。在该计划的推动下，欧洲各国之间半导体和信息技术的交流大大增加，并形成了统一的信息技术标准，为20世纪90年代爱立信、诺基亚和西门子三巨头对全球通信行业的"统治"打下了基础。

20世纪80年代，日本和美国已经开始在存储器领域大打出手，而欧洲沦为看客。为了振兴欧洲半导体产业，1988年，欧洲制定了联合欧洲亚微米硅计划（Joint European Submicron Silicon Initiative, JESSI），该计划为其8年，总投资35亿美元，主研究高复杂度电路集成、系统集成所需的方法、工具、设备及材料，最终目标是在1996年研发出具有竞争力的0.3微米工艺，64MB动态随机存储器（DRAM），以在存储领域摆脱对美国和日本的依赖。在工艺技术方面，西门子负责DRAM的研发，飞利浦负责SRAM的研发，ST负责EPROM的研发。其中，西门子半导体部门通过该项目积累的DRAM技术，经过英飞凌、奇梦达的发展，又辗转流入合肥长鑫，成为我国国产DRAM的技术基础，当然这又是另外一个故事了。最终，JESSI项目吸引了来自16个国家和地区，190个机构，超过3000名科学家和工程师共同参与。JESSI计划使欧洲的芯片加工工艺和存储器技术方面已经能够与美日并驾齐驱，但是在生产方面仍有差距，以芯片自给率而言，美国和日本已经达到了68%和81%，而欧洲仅为28%。为了迅速改变这种状况，1997年，欧洲进一步启动欧洲微电子应用开发计划（Micro Electronics Development for Euro-pean Application, MEDEA），总投资20亿欧洲货币单位，约24亿美元，规划在2000年使欧洲半导体厂商达到12英寸晶圆，0.25~0.18微米工艺，并支持芯片在汽车电子、多媒体、通信等领域的应用。这两大计划的执行，奠定了欧洲半导体产业的技术基础。

除此以外，欧洲还长期执行"研究、技术开发及示范框架计划",简称"欧盟框架计划",该计划是当今世界上最大的官方科技计划之一,支持的研究范围非常广泛。从1984年开始,至今已经执行8期,总投资超过1800亿欧元,第8期名为"地平线2020",主要目标是整合欧盟各成员国的科研资源,提高科研效率,促进科技创新,推动经济增长和增加就业,在半导体方面主要支持更为前沿的光电子技术的开发与应用。

10.3 创新中心

长期以来欧洲都是半导体产业创新的源头之一,比利时的IMEC(Interuniversity Micro-Electronics Centre)、德国的弗劳恩霍夫(Fraunhofer)应用研究促进协会,以及法国的CEA-Leti研究所(法国原子能委员会电子与信息技术实验室)是欧洲三大世界级的研究机构。

IMEC于1984年在比利时鲁汶大学Van Overstraeten教授的倡议下成立,因为首批研究人员来自鲁汶大学等多所高校,因此也称为校际微电子中心。IMEC一直秉承"研究开发超前产业需求3~10年的微电子和信息通信技术"的使命,在半导体工艺领域创造了无数个世界第一,与美国的英特尔和IBM并称为全球半导体领域的"3I"。

IMEC有一条12英寸中试线(先导线),用于进行最先进的工艺开发,比如7纳米、5纳米、3纳米等最先进工艺开发;还有一条8英寸中试线,主要用于混合工艺的开发,比如CMOS与传感器混合工艺、硅光工艺、生物电子等。

在全球半导体先进工艺升级过程中,IMEC发挥了关键性的桥梁作用。一方面,IMEC连接了学术界与产业界,将学术界的先进工艺构想进行产业化先导性开发,工艺成熟后,再导入量产厂商进行大规模量产。在这一桥梁中,学术圈、IMEC和Foundry厂商分别相当于"小试""中试"和"大试"(量产)。早在2014年,IMEC就开始进行7纳米关键工艺开发,台积电及三星量产的7纳米部分关键工艺技术就来自IMEC。2018年,IMEC与铿腾(Cadence)联合宣布,全球首款 3 纳米测试芯片成功流片。另一方面，IMEC 连接了半导体设备商（包括材料）和 Foundry 厂商，在先进工艺研发的前期，就进行技术对接，工艺成熟后，设备厂商最先进的设备就可以快速用在 Foundry 厂商的工艺线上。IMEC 长期与全球光刻机领导品牌阿斯麦保持深度合作。2011 年，阿斯麦就在 IMEC 的洁净间内安装了一台 EUV（极紫外）光刻机的原型机 NXE：3100，用于量产前最后的优化升级。2018 年，IMEC 宣布与 ASML 成立一座联合实验室，研发新一代 EUV 光刻机，共同探索在后 3 纳米（post-3 纳米）节点的工艺蓝图。

除了先进工艺以外，IMEC 的主要研究方向还包括集成电路设计、Ⅲ-Ⅴ族化合物、传感器、雷达、无线射频、固态电池、人工智能和数据科学及安全等领域。

与其他研究机构相比，IMEC 最大的特点是开放，它与全球数十家机构展开合作，既包括英特尔、ARM、阿斯麦等业内巨头，也有很多全球创新型小企业。IMEC 最主要的合作方式是"欧洲微电子研究中心行业联盟项目（IIAP）"，在这个项目框架下，参与研究的各方，费用和风险共担，研究成果共享，知识产权明确，研究开发出来的新技术，通过技术转移和许可的方式投入产业使用，也经常孵化出创业公司。

弗劳恩霍夫应用研究促进协会成立于 1949 年，是欧洲最大的应用科研机构，它以德国科学家、发明家和企业家约瑟夫·冯·弗劳恩霍夫的名字命名。

弗劳恩霍夫是德国产学研的经典代表，他发明了分光镜，并改进了光栅，对太阳及其他光源的光谱进行了精确的研究，成为现代光谱分析之父。他利用自己的光学知识，创办了光学仪器厂，改进了工艺，所生产的望远镜、放大镜等具有极高的质量，风靡欧洲。弗劳恩霍夫被认为是德国光学工业的创始人。

弗劳恩霍夫应用研究促进协会是一家公益性研究机构，主要任务是支持和开展应用技术的研究，风靡全球的 MP3 技术就是出自该研究机构之手。由于大企业一般都有自己的研发部门，弗劳恩霍夫应用研究促进协会主要为中小企业开发新技术、新产品和新工艺,协助他们解决自身创新发展中面临的各种问题。协会下辖研究所的主要经费来自德国政府,中小企业支付的专利费用仅仅是实验所需的基本材料费,但企业需要在应用过程中配合反馈各种问题和信息。得益于研究所和企业的良好互动,德国的中小企业在全球都具有极高的竞争力。

弗劳恩霍夫应用研究促进协会有一套非常科学的内部运作模式,被称为"弗劳恩霍夫模式",其核心思想是将国家拨付的科研经费除了一部分无条件用于资助"前瞻性"研发外,其余部分则与各个研究所上一年的总收入及来自于企业的收入挂钩。这是一种激励机制,促使协会下各研究所不断努力争取客户、开拓业务,使研究所的研究不再是闭门造车,而是与市场需求紧密结合,将科研成果迅速转化成市场需要的产品。另外,在其科研团队中,既有核心的资深科研人员,也有具有一定流动性的合同制研发人员,这部分人员占到了60%,而且研究所常常会派驻员工到企业现场进行项目开发,这种人才共享机制保障了创新人才的培养和转移。因此,弗劳恩霍夫应用研究促进协会在德国有着"科技搬运工"的美称。

2017年,弗劳恩霍夫应用研究促进协会旗下的11家研究机构和Leibniz学会的2家研究所共同启动了跨地区"微电子与纳米电子研究工厂"项目,将2000多名科技人员以及技术研发所需的设备重新组织在一个虚拟研究机构里,组建了世界上微电子领域规模最大的技术和知识产权团队。该团队主要研究四个未来技术领域,包括硅基技术、化合物半导体、异质整合和设计检测及可靠性。德国希望借此强化德国半导体行业的下一代产品,这种大规模的跨越研究所界限、统一组织后勤和基础资源、共同开发和研究的研发模式,在德国乃至世界半导体领域都是独一无二的。

法国CEA-Leti研究所成立于1967年,拥有2000名员工,总部在法国的格勒诺布尔科学园区,在硅谷和东京设有办事处。CEA-Leti主要研发领域就是微电子相关技术,拥有全球领先的8英寸/12英寸晶圆工艺线。与其他机构相比 CEA-Leti 的优势在于 FD-SOI 技术、MEMS 工艺、5G 射频前端和 3D 集成工艺等。CEA-Leti 也是一家致力于科技成果转化的研究机构，成立以来，共孵化了 65 家创业公司。CEA-Leti 与全球超过 250 家企业及研究机构建立合作关系，包括 IMEC 和弗劳恩霍夫应用研究促进协会。

2016 年，上海微技术工业研究院（SITRI）和法国 CEA-Leti 及格勒诺布尔的技术研发园区 MINATEC 签署合作协议，共同研发"超越摩尔"创新技术及物联网应用，以期为"超越摩尔"提供技术创新，尤其是在 MEMS、SOI 等领域建立完善的生态系统。

第 11 章　汽车和工业芯片的绝对王者

半导体产业诞生于美国，之后进行了三次产业迁移，从美国到日本，而后到韩国和我国台湾地区，现在我国大陆的半导体产业风头正旺，吸引了全球的目光。对现在的欧洲来说，半导体产业似乎"热闹是他们的，我什么也没有"，确实，欧洲的半导体产业正在经历衰退。在网络通信的 GSM 制式时代，欧洲电信行业三巨头诺基亚、爱立信和西门子曾俾睨天下，但到了 5G 时代，欧洲企业却集体失声。皮之不存毛将焉附，由于终端应用厂商在电信行业和消费电子的衰退，欧洲的半导体产业也日渐萎缩。但瘦死的骆驼比马大，凭借强大的工业底蕴，欧洲半导体产业在很多细分领域仍处于领先地位。

欧洲的半导体产业就像祖上富过的贵族老爷，打开自己的百宝箱，还是能掏出一件件惊艳的宝贝，而且随着工业 4.0 和新能源汽车的发展，这个贵族老爷还很有可能会东山再起。

11.1　手机芯片的败退

1983 年，摩托罗拉推出世界上第一台便携式电话，全球进入移动通信时代，摩托罗拉的便携式电话就是"大哥大"，体积大、重量大，且只有通话功能。那时候，手机芯片是摩托罗拉的天下，其占据了全球 70% 以上的市场。

到了 20 世纪 90 年代，欧洲国家联合开发的 GSM 制式成为全球的通信标准，芬兰诺基亚、德国西门子、瑞典爱立信、荷兰飞利浦、法国阿尔法特等欧洲大厂纷纷推出自己品牌的手机，一时间风光无二,而美国的摩托罗拉则沉迷于自己的"铱星计划",最终走上了不归路。在下游应用的带动下,欧洲厂商从芯片设计、终端制造到网络搭建,无孔不入,欣欣向荣。至今为止,全球销量最高的手机型号,既不是苹果公司也不是安卓,而是 Nokia 1100,这款机型销售达到 2.5 亿台,欧洲手机厂商的繁荣可见一斑。

到了 3G 时代,欧洲厂商力推 WCDMA,美国联合日本和韩国,由高通牵头,推出 CDMA2000,而我国也由大唐牵头推出 TD-SCDMA。通信产业陷入战国时代,当然,我国并非主要"参战方","战争"发生在欧洲和美日韩之间,一开始欧洲凭借众多终端厂商的支持占据优势,直到 iPhone 的诞生,天平开始发生倾斜。iPhone 开创了智能机的时代,而傲慢迟钝、抱残守缺的欧洲手机厂商们在这次技术浪潮中被抛下,日渐式微。其实,主动权本来掌握在欧洲手上,iPhone 前三代手机均采用英飞凌的基带芯片,但无奈英飞凌当时有些不争气,不仅平台研发慢,信号还不好,第一代 iPhone 甚至不支持 3G。虽然苹果公司创始人乔布斯非常不喜欢高通的收费方式(按照手机售价的百分比收授权费),但最终还是在推出 iPhone 4S 时全面转向了高通。

在高通及苹果公司和安卓手机的打压下,欧洲手机厂商及芯片厂商陷入了全面溃败。诺基亚卖身微软;爱立信手机业务卖给了索尼;西门子手机业务卖给了明基电子;飞利浦手机品牌卖给了中国电子(CEC),半导体部门独立成为恩智浦;阿尔卡特手机品牌卖给了 TCL,芯片部门则并入意法半导体。至此,欧洲在手机品牌及芯片领域几乎已经片甲不留。

在 4G 时代,我国联合欧洲把美国挤出了 4G 标准体系,但是欧洲的手机品牌和手机芯片已无可战之力,爱立信和诺基亚也只能在运营商网络建设方面默默耕耘。

5G 时代,高通主推的 LDPC 码成为数据信道的编码方案,华为主推的 Polar 码成为控制信道的编码方案,欧洲已经彻底失声。这也标志着欧洲芯片企业将很难再染指手机芯片和网络通信芯片市场。

有很多人分析了欧洲芯片企业衰落的原因,即高福利、高人工成本，制造业外流，在通信基础设施方面政府投入不足，频谱太贵等。笔者认为，根本原因还是我国那句老话"皮之不存，毛将焉附"，半导体芯片终究是要使用的，失去对下游应用行业的主导权，必然导致上游半导体产业的衰退。

11.2 百年品牌的传承

相对于美国的自由开放，欧洲文化是保守的。欧洲的芯片工业，就像瑞士手表，坚守传统的手工制作，世代相承，精益求精，具有极高的可靠性和稳定性。回顾集成电路的发展，先模拟，后数字，但几十年过去了，欧洲依然坚守在模拟电路的阵地，也正因为如此，欧洲半导体厂商错失了快速迭代的消费电子市场。但欧洲半导体厂商的这种风格，恰恰特别适合高可靠性、高稳定性要求的汽车和工业半导体市场。欧洲半导体三强，英飞凌、恩智浦和意法半导体也都不约而同地将公司发展战略聚焦在汽车和工业半导体方面。

一方面，聚焦方能深耕，除了技术积累以外，欧洲在这两个行业有着非常广泛的应用经验，比如宝马、奔驰、大众、菲亚特、标致雪铁龙、博世等都是在欧洲传承近百年的老牌企业。半导体厂商与下游应用紧密结合，能够更好地理解客户需求，提供从芯片到系统的全面服务。另外一方面，由于汽车电子和工业电子都有非常严格的准入标准，而得益于欧洲在这方面的起步较早，很多相关行业标准和规范都是由欧洲企业制定的，所以欧洲半导体厂商在这两个领域能够轻易保持领先地位。

为了巩固自身在汽车和工业市场的领导地位，恩智浦、英飞凌和意法半导体一直动作频频，通过资本运作、并购整合稳固自身地位。

2007—2010年，恩智浦陆续将无线电话 SoC 业务、无线业务、家庭业务部门和 CMOS IP 业务予以出售或剥离，以便腾出精力和资金聚焦自己的核心优势领域：汽车电子和工业电子。2015年，恩智浦以118亿美元的价格，收购了美国的飞思卡尔半导体（Freescale Semiconductor，原摩托罗拉半导体事业部）。恩智浦原本就是汽车和工业应用的无线通信、传感器、模拟 IC 等产品的重要供应商,而飞思卡尔是嵌入式处理解决方案领域的领导者,主要业务涉及汽车电子、工业电子以及网络设备等市场,恩智浦通过收购飞思卡尔,进一步扩大了自己在汽车电子和工业电子的市场份额,成为全球第一大汽车电子厂商,这一地位一直保持至今。

2015 年,英飞凌以 30 亿美元收购美国国际整流器公司(IR)。2020 年初,英飞凌以 87 亿美元完成了对美国赛普拉斯半导体(Cypress Semiconductor Corp)的收购,不仅继续保持在功率半导体和安全控制器领域的全球领导地位,而且还超越恩智浦,跃居成为全球车用半导体龙头。

2019 年,意法半导体投入 12 亿~13 亿美元,巩固自身的领导地位,重点方向包括图像感知器件、高性能射频和功率器件,这些都是汽车和工业电子领域的重要产品。

据统计,2018 年,全球前十大汽车半导体供应商中,恩智浦、英飞凌和意法半导体分列第 1、第 2 和第 5 位。全球前十大工业半导体供应商中,恩智浦、英飞凌和意法半导体分列第 3、第 4 和第 6。欧洲半导体厂商在汽车电子和工业电子领域的地位与在消费电子领域的地位形成了鲜明对比。

排名	供应商	国家/地区	营业收入/百万美元	市场份额
1	恩智浦	荷兰	4507	10.8%
2	英飞凌	德国	4119	9.9%
3	瑞萨	日本	3353	8.1%
4	德州仪器	美国	3040	7.3%
5	意法半导体	瑞士	2875	6.9%
6	博世	德国	2059	5.0%
7	安森美	美国	1782	4.9%
8	美光	美国	1574	3.8%
9	微芯科技	美国	1144	2.8%
10	罗姆	日本	1057	2.5%

2018 年全球前十大汽车半导体供应商排名(IHS,Markit)

排名	供应商	国家/地区
1	德州仪器	美国
2	亚德诺半导体	美国
3	英飞凌	德国
4	意法半导体	瑞士
5	英特尔	美国
6	美光	美国
7	微芯科技	美国
8	安森美	美国
9	恩智浦	荷兰
10	赛灵思	美国

2018年全球前十大工业半导体供应商排名(IHS, Markit)

未来,随着自动驾驶、电动汽车、工业4.0的普及,工业和汽车芯片的市场将会出现爆发式增长,而已经铆足干劲、摩拳擦掌的欧洲半导体厂商们,也会迎来自己的第二春。

第 12 章　独一无二无可替代的阿斯麦

据统计,在现代芯片制造厂中,光刻设备占设备总成本的近30%,而光刻工艺时间占芯片制造总时间的 40%~50%。可以说,光刻设备是芯片制造的最核心设备,在这一领域,阿斯麦是独一无二的王者。

12.1　专注研发确立领先地位

阿斯麦(ASML)位于荷兰第五大城恩荷芬城郊,在 20 世纪 70 年代萌芽于飞利浦公司。

飞利浦公司当时已有成熟的透镜式显影装备,计划进一步研制透镜式非接触光刻设备。尽管飞利浦在非接触光刻设备的性能方面取得一定突破,但面临着两大挑战:一是成本高昂,很难对外推广;二是其他设备商在解决接触式光刻问题上从不同技术路径也取得了重大进展。飞利浦公司决定暂停相关研发,与业界设备公司密切讨论成立合资公司或转让事宜,最终与一家叫 ASM International 的小公司合作成立了阿斯麦公司,而从飞利浦过去的 40 多名员工则成了阿斯麦最早的技术班底。

在 20 世纪 80 年代中期,光刻机设备行业出现了过剩危机。但阿斯麦既有飞利浦公司的订单扶持,又有早期团队的热情投入,不仅顺利度过了危机,还在 1988 年市场恢复时推出了强有力的新机型,因此一举立足市场并实现盈利。

此后阿斯麦在大部分先进技术节点上均成功地确立了领先地位,

到20世纪90年代末已经占领了全球30%的市场。为了打通资本路径，1995年，阿斯麦在美国纳斯达克和荷兰阿姆斯特丹证券交易所同时上市。

12.2　牛刀小试成为行业老大

技术的每一次跨越，都意味着厂商的优胜劣汰。

光刻就是微影技术。20世纪60年代末仙童半导体公司发明了制造扩散型晶体管的"平面处理工艺"，使晶体管制造像印刷书籍一样高效。"平面处理工艺"诞生之后便成为集成电路的标准工艺，其最初采用的以空气为介质的"干式"微影技术一直沿用到20世纪90年代。无论是传统的日本大厂佳能、尼康，还是新兴企业阿斯麦，都在"干式"微影技术上投资颇多，并拥有成熟的光刻机产品。

当全球最先进的芯片加工技术达到65纳米后，原来"干式"微影技术一直采用的193纳米光源的光学分辨率已经达到物理极限。而全球各大光刻机厂商投入数十亿美元，也始终无法将光刻光源的波长从193纳米缩短到157纳米，"干式"微影技术的发展陷入了停滞，这也让半导体行业雷打不动的摩尔定律突然不灵了。幸运的是，在2002年的一次微影技术研讨会上，时任台积电研发副总经理的林本坚颠覆性地提出了以水为介质的"浸润式"微影技术，引发了参会者们的广泛讨论。基于林本坚的设想，阿斯麦和台积电于2004年联合开发出了全球第一台浸润式光刻机。"浸润式"的新工艺将透镜和硅片之间的介质从"空气"更换为"水"，不仅轻轻松松突破了157纳米光刻光源的技术障碍，而且造价更加低廉、操作更加简便，直接让整个半导体工艺继续沿着摩尔定律向前跃进了两代。这让投入巨资研发传统工艺的尼康和佳能毫无招架之力。此后，阿斯麦成为全球最大的光刻机设备和服务提供商，不仅垄断了全世界80%的光刻机市场，还攫取几乎100%的利润。

12.3　大力出奇迹的 EUV 光刻机

如果说"浸润式"光刻机只是阿斯麦的牛刀小试，那么 EUV 光刻机真正地让阿斯麦一骑绝尘。所谓"EUV 光刻机"是指采用波长为 10~14 纳米的极紫外光作为光源的光刻机，是半导体先进工艺（14 纳米以下）的唯一指定光刻机。

EUV 光刻机是半导体设备史上的奇迹。

阿斯麦的 EUV 光刻机拥有 80000 多个零件，远远超过航空发动机的 3000 多个零部件。EUV 光刻机有多达 100 余家供应商，其中 90% 的零部件来自荷兰境外，美国提供光刻机的光源设备和计量设备，德国提供世界级的卡尔·蔡司镜头和先进的机械工艺，日本提供先进的光学器材技术，工艺分配技术则由英特尔、台积电和三星提供。光刻机的整个系统不仅包含了数学、物理、化学、光学、流体力学等基础学科知识，还涵盖精密仪器、自动化、图像识别等众多学科的精华，是整个欧、美、日、韩等科技强国在工程技术、材料技术、系统设计等方面的集大成者。

EUV 是巨大的电力吞噬怪兽。由于几乎所有光学材料和空气对极紫外光都有很强的吸收效应，EUV 光刻机不仅需要消耗大量的电能把整个环境都抽成真空，还要采用效率很低的反射方式来聚焦极紫外光。考虑到极紫外光从发出到晶圆需要经过十几次反射，极紫外光每反射一次能量就会损失 30%，到达晶圆时，只剩下不到 2% 了。业界分析，极紫外光的能源转换效率只有万分之二，目前阿斯麦的 EUV 光刻机的输出功率是 250 瓦，正常工作一天，单是光源这一项就会消耗 3 万千瓦时的电。此外，功率极大的激光器还需要一套优良的散热冷却系统才能保证机器正常工作，而这又需要消耗大量电力。

阿斯麦曾表示，就算公开图样，别人也造不出一样强的光刻机。一台光刻机的背后，蕴含的不仅是超精密零件的加工能力，还有复杂系统的整合能力。光刻机中最关键零件之一——反射镜，由德国卡尔

阿斯麦工作人员在调试 EUV 光刻机

蔡司生产，整个反射镜要经过上百万次的打磨，镜面上瑕疵大小仅能以皮米（1 纳米的千分之一）计。阿斯麦总裁温·彼得接受媒体专访时解释，如果反射镜面积有整个德国大小，那镜面上最高的突起不能超过 1 厘米。精密控制是光刻机的核心技术之一，掩膜版、晶圆和光源之间要保持精确同步，在极高的加速度下相对误差不能超过 2 纳米。上海微电子装备公司董事长进行了形象的比喻，"相当于两架大飞机从起飞到降落，始终齐头并进。一架飞机上伸出一把刀，在另一架飞机的米粒上刻字，还不能刻坏"。

奇迹般的 EUV 光刻机，也给阿斯麦带来了可观的收益。仅仅在过去的 2019 年，阿斯麦不仅卖出了 26 台 EUV 光刻机，还将最新款的 EUV 光刻机卖到每台 12 亿元的天价，相当于空客 A380 价格的一半。中芯国际在 2018 年初耗资 1.2 亿美元向阿斯麦订购一台 EUV 光刻机，耗费了 2017 年全年的净利润。

12.4 开放式创新的"不开放"

阿斯麦之所以能获得"光刻机之王"的桂冠，与其一直坚持的开放式创新是分不开的。

第 12 章 独一无二无可替代的阿斯麦

如前所述,阿斯麦光刻机的供应商极多,90%以上的零部件来自外部,这种高度外包的研发策略,使 ASML 能够迅速集成全球各领域最顶尖的技术,自身则专注于零部件整合和最先进的技术导向。

阿斯麦的供应商和客户都是其重要的合作伙伴,甚至采用股权绑定的方式确保利益一致。

为了取得极紫外激光光源和真空曝光舱技术,阿斯麦并购了全球领先的准分子激光光源供应商 Cymer;为了开发 EUV 光刻机的光学系统,阿斯麦以 11 亿美元收购卡尔·蔡司 24.9% 的股权,同时承诺不少于 8.44 亿美元的研发投入。EUV 光刻机是半导体产业突破先进工艺的关键设备,半导体产业巨头们也十分支持 EUV 光刻机的研发。2012 年,英特尔、台积电和三星分别斥资 41 亿美元、14 亿美元和 9.75 亿美元入股阿斯麦,一方面解决了研发光刻机所需的资金问题,另一方面也取得了 EUV 光刻机的优先购买权。对阿斯麦来说,则提前锁定了市场,大幅降低其研发风险。

同时,阿斯麦还与全球各大高校和研究机构密切合作,比如,阿斯麦在 IMEC 的洁净间安装有最先进的光刻机原型,在 IMEC 的实验室,阿斯麦的研发人员与英特尔、台积电和三星的工程师密切交流,准确把握下游最新技术方向和客户需求,确保自身的研发一直沿着正确的路径前进。

正是在这种"开放式创新"的指导思想下,阿斯麦历经 10 年,花费巨额投资,终于研发出全球独一无二的 EUV 光刻机。

但阿斯麦在产品销售中并不太"开放",也不太市场化。

首先,入股阿斯麦的半导厂商享有 EUV 光刻机的优先购买权,而阿斯麦每年的 EUV 光刻机产能有限,也就是说,在 EUV 光刻机研发成功后的头几年,只有英特尔、三星和台积电能够买得到,其他半导体厂商即便再有钱也只能望洋兴叹。其次,阿斯麦已经成为部分西方国家用于限制中国新兴高科技企业发展的重要工具,其最新设备几乎都被列入"瓦森纳协定"的管制清单中。中芯国际为了研发 14 纳米及以下先进工艺，2018 年初就向阿斯麦预定了一台 EUV 光刻机，并交付了定金。这台原计划 2019 年初交付的设备，由于供应商火灾和"出口许可证"迟迟得不到批复，至本书成稿仍未交付。一个简单而纯粹的商业合同，由于大国的介入阻挠，变得不再那么市场化。

独树一帜的韩国

第 5 篇

戮力一芯

正如美国安迪·格鲁夫的那本畅销书的书名:

《只有偏执狂才能生存》!

第 13 章　美日"半导体战争"的幸运儿

13.1　较晚出发的选手

韩国真正启动本土半导体产业,要比日本晚了近 20 年。

1975 年,韩国政府启动了促进半导体产业发展的六年计划。在这之前,韩国半导体产业很难说已经真正起步,它只是半导体全球产业链上一个简单的、密集的组装节点。

1959 年是韩国半导体产业的起源年。韩国金星社(LG 公司的前身)"研制"出了韩国的第一台真空管收音机。与日本索尼取得美国技术授权自主研制出全球第一台晶体管收音机不同的是,韩国金星社其实并没有技术开发和自主生产能力,只能对进口元器件进行了组装和销售。

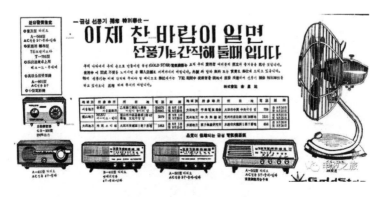

1960 年的金星社收音机广告

第13章　美日"半导体战争"的幸运儿

韩国半导体产业的起步是始于20世纪60年代中期的外国直接投资。美国公司为了降低生产成本越来越多地投资于低工资国家和地区，尤其以亚洲四小龙为代表。韩国从这一趋势中受益，成为外国公司实行国际分工策略的简单组装基地。1965年，美国公司KOMY对韩国进行了第一笔电子产业的直接投资。由于美国的投资，韩国半导体行业在体量上迅速增长。1969年，韩国半导体出口达到3500万美元，占韩国出口总额的5.6%，半导体产品成为其第四大出口产品。在这一时期，韩国半导体产业增长的主要动力来自仙童半导体、摩托罗拉等美国半导体公司的子公司。

当仙童半导体向韩国提出了独资设厂、独自经营的投资要求后，韩国全部予以接受。与20世纪60年代日本政府对美国半导体企业进入日本市场采取较为严格的产业保护壁垒相比，韩国选择了彻底的开放。在半导体产业发展初期，韩国主动向半导体原创地美国、半导体大国日本等展现出态度鲜明的拿来主义，只要你们能来落地半导体产业，不管什么条件都接受。

这也是韩国的无奈之举，因为其非常缺乏日本半导体产业引进美国专利授权后青出于蓝而胜于蓝的雄厚技术底蕴；同时，韩国正在谋求加入《关税及贸易总协定》，不得不放宽《外国资本引进法》，这引发了美国和日本企业竞相进入韩国热潮。1965—1973年，韩国引入了11家美国公司和7家日本半导体产业巨头。这些半导体跨国企业在韩国建立芯片组装厂，利用韩国廉价劳动力，采取大进大出的来料加工模式，用美国、日本零部件组装，然后全部再出口。然而，韩国仅是取得了一些短期经济效益，并未获得任何重大的技术转移，这对于韩国的技术进步也未起到任何的重大作用。毕竟，美国企业在韩国的子公司只是专门从事简单的晶体管和集成电路的组装，所需的材料和生产设备都是进口，所有的产品都用于出口。韩国1975年前的半导体史，非常类似于我国深圳市高科技产业发展伊始的来料加工模式。外国公司的集成电路产品占韩国集成电路总产量的95%~99%。回头看这段时间线上的那一个个节点，每一个节点上都写着"不自主可控""无核心技术",每一个节点上都写着"拿来主义"。好处是,带来了庞大的产能,为本土自主创新的萌芽提供了极好的土壤。

20世纪70年代,三洋、东芝等日本半导体公司也紧随美国仙童半导体的步伐,开始在韩国投资,但仍然没有跳出低附加值、低技术含量的来料加工模式。

直到20世纪80年代初,韩国的半导体产业仍然非常局限,只是全球半导体产业链上的一个简单且劳动力密集的组装节点。这一时期韩国半导体产业的主导治理结构是外国投资者设立子公司,韩国半导体行业的经济活动主要通过美国和日本半导体公司的经营战略进行协调和控制。简而言之,韩国是通过外国公司的"看得见的手",而不是亚当·斯密的"看不见的手"融入世界半导体市场的。

1983年是韩国半导体产业的历史转折点,三星等韩国公司开始大规模集成电路(VLSI)生产,这导致了整个行业质的改变,即从简单的组装生产开始进入到复杂的芯片加工生产。

13.2 十年砸入的回报

韩国和日本都是"政府+大财团"模式,但一般人很难分得清这两个国家该模式的差异。

1. 日本"政府+大财团"模式

笔者认为日本政府更多地扮演协调者、协同者的角色,偏防御型,更多地出现在需要解决被动的、消极的、棘手的问题场合,经常发挥产业断后或收拾残局的重要作用。

譬如日本以TFT-LCD技术为代表的新型显示产业,一度占据全球领导地位,在受到韩国三星公司和我国台湾地区友达公司的强势攻击而导致的市场份额快速下滑后,日本政府出手,于2011年将东芝、索尼、日立的中小液晶面板业务进行整合,撮合三家企业组建了日本显示公司,日本经济产业省出资成为大股东,日本显示公司也因此成为了日本"国有"企业。

再譬如，当日立、三菱的模拟芯片业务发展遇到困难时，日本政府于2003年撮合两家公司拆分出模拟芯片业务，组成瑞萨公司，政府注入巨资成为大股东，使瑞萨也成为一家日本"国有"企业。

2. 韩国"政府＋大财团"模式

韩国政府更倾向于主动出击，针对希望发展的特定产业，安排、调度、刺激国内骨干企业相互竞争，然后倾韩国所有资源扶持竞争的胜利者。韩国20世纪70年代发展的汽车工业，80年代和90年代发展的半导体产业都采取了这种进攻型集中扶优策略，成效显著，在极短时间内实现了韩国政府壮大产业的目标。

韩国政府决定让韩国最大的四家财团均参与到超大规模集成电路（VLSI）计划中。为了让大财团有足够的财力和动力开发集成电路技术，韩国政府陆续将大型的航空、钢铁等巨头企业私有化，分配给大财团，并向大财团提供一系列"特惠"措施。在韩国政府如此"简单粗暴"的扶持下，数量庞大的资源迅速集中到少数财团手中，从而有能力克服生产初期巨大的财务损失，能够快速建立起规模可观、技术先进的存储芯片（DRAM）生产线。1976年在日本启动VLSI研究项目的同时，韩国政府在龟尾产业区建立了韩国电子技术研究所（KIET），招收美国归来的工程师，设置试验生产线，协助企业研发集成电路关键技术，于1979年生产出了16KB DRAM。尽管比日本落后几年，但这是韩国第一次掌握VLSI技术。

韩国政府扶持的四家财团是三星、金星社（LG前身）、现代公司（其半导体业务后拆分为海力士半导体，并被SK集团收购）和大宇公司。韩国用了十年左右的时间，实现了半导体产业的质变，从简单地来料组装加工生产迅速切入到最为精密的芯片制造。

美国和日本是最早做存储芯片的两个国家，基本垄断了整个市场，20世纪80年代三大存储器制造商是美国美光、日本三菱和夏普。韩国科技和技术部旗下的韩国电子通信研究所牵头，联合三星、LG、现代与韩国境内的六所大学，"官、产、学"一起对DRAM技术进行了持续三年的攻关，政府承担了约57%项目费用。

此后，韩国半导体企业一直紧追甚至超过了日本。1988年三星完成4MB DRAM芯片设计时，仅比日本晚6个月。韩国企业随后加大投资，大量引进日本技术人员，于1992年研制出了世界第一个64MB DRAM，超过日本NEC，成为世界第一大DRAM制造商。

正如美国对日本半导体高度警惕并引发长达近十年的贸易冲突，韩国半导体的快速成长也引起了美国的警觉。但以三星为代表的韩国企业，深谙美国最为提防的还是有数十年底蕴且市场较为封闭的日本，因此韩国半导体产业在美国的高压下仍有较大的腾挪空间。

20世纪90年代，美国在初步解决与日本的半导体纠纷后，终于还是向韩国三星发起了DRAM产品反倾销诉讼。三星则巧妙地利用美国仍高度提防日本半导体产业东山再起的心态，派出了强大的公关团队游说克林顿政府，表示如果三星无法正常制造芯片，日本企业的竞争者将会越来越少，其垄断优势也将得到加强，那么美国企业购入芯片的成本将会一直高昂，使美国产品在与日本竞争中会更加不利。三星准确抓住了美国人的痛点，最终美国政府仅向韩国三星征收了0.74%的反倾销税，而日本企业的最高反倾销税则高达100%（诸葛孔明三分天下、互为钳制的思想，在今天亦大可借鉴）。

两相比较，美国对日本的持续打压为韩国企业发展半导体提供了极好的外部环境。美日签订的第一份半导体协议中引入了价格监督制度（Fair Market Value，FMV），规定日本企业应按照生产成本加上一定盈利的原则，不得低于合理价格出售产品，同时日本企业还需要适当减少DRAM产量。美国迫使日本企业减量又加价的做法，无形中为韩国企业与日本企业的竞争扫平了道路。

13.3　三星的惊人逆袭

时至今日，韩国三星已经是世界半导体舞台上的一颗巨星，并曾数次登顶，挤下半导体世界的老牌霸主美国英特尔。

第 13 章 美日"半导体战争"的幸运儿

1974 年,三星极其坚定地收购了破产的大韩半导体公司(Korea Semiconductor)而进入半导体业。李健熙当时坚信,沙子(硅)能变成金子(集成电路)太划算了,没有半导体就等于汽车没有发动机,IT 业一定等于未来。

20 世纪 80 年代初的三星,走的是索尼 50 年代的老路。然而,这期间的美国半导体业界,已经非常忌惮从美国学艺青出于蓝而胜于蓝的日本,对于韩国抛过来的热情洋溢的求师橄榄枝,还是颇为提防。日本自不用言,80 年代初刚刚尝到老二干掉老大登基的甜头,更不会培养出另一个能撼动自己地位的老二。因此,当三星尝试从国外引进技术时,连续遭到了美国德州仪器、美国摩托罗拉、日本 NEC、日本东芝、日本日立这些半导体巨头的拒绝。

能买的技术尽量买,不能买的技术拿授权。最终,三星找到了数个突破口。一是美国加利福尼亚州思杰系统公司(CITRIX)向三星出售了 CMOS 工艺技术;二是美国美光公司,亟须资金研发 256KB DRAM 产品,选择将 64KB DRAM 的技术授权给了三星,其时美光公司市场占有率不足 5%,被日本五巨头(日立、三菱、东芝、NEC、富士通)挤压,转让技术给三星可以看作是存储产业第二梯队的抱团取暖;三是日本夏普公司,由于被通产省归类为消费电子公司,而不是半导体技术公司,因此不受出口技术规范管制,三星才从夏普买到了几乎全套量产设备。三星分别在美国硅谷和首尔设立两支研发团队,招募韩裔美国工程师,夜以继日地消化吸收技术。在此基础上,三星于 1983 年宣布成功研发 64KB DRAM,这意味着韩国半导体产业实现了从相对简单的大规模集成电路(LSI)到的超大规模集成电路(VLSI)的重大飞跃。当然,我们也可以发现,三星半导体产品,最初也是走的"拿来主义"路线。三星 64KB DRAM 产品比美国晚了 3 年,比日本晚了 6 年。

随后,1984 年三星成立了一家现代化的芯片工厂,用于批量生产 64KB DRAM,1984 年秋季首次将其出口到美国,1985 年成功开发了 1MB DRAM,并取得了英特尔"微处理器技术"的许可协议。

但在此时的韩国，三星乃至整个韩国半导体产业仍然羸弱，犹如没有任何自卫能力的幼童，规模尚小，忙于消化技术，产品打不进日本主导的高端市场，采取的是低端市场为主、中端市场为辅的策略。面对韩国企业从中低端市场发起的咄咄逼人的追赶态势，日本厂商以低于韩国产品成本一半的价格，向市场大量抛售产品，有意迫使韩国出局。结果韩国大型财团不但顶住巨额亏损压力，追加投资，还让日本企业作为始作俑者承担了美国反倾销的压力。美国与日本的纷争，让韩国渔翁得利。1986年美国对日本发起的"半导体战争"，促使韩国在1992年前后，一跃超过日本，成为世界第一大DRAM制造商，并连续蝉联了25年。

然而，这只是三星带领韩国半导体产业迈向世界第一梯队的第一步。自1995年起，三星多次发起"逆周期"价格战，迫使全球DRAM领域的众多重量级厂商纷纷走向破产，最终确立了三星和韩国在世界存储芯片市场的霸主地位。

13.3.1 驱逐英特尔

1984年是半导体周期的低谷期，也就是通常意义上的半导体产业小年，这一年DRAM内存价格从每片4美元暴跌至每片30美分，而三星每片DRAM生产成本为1.3美元，意味着每卖出一片内存便亏1美元。在业内几乎所有企业大幅调减乃至取消资本支出、勒紧腰带争取熬过产业寒冬时，三星却变成了一个彻头彻尾的"赌徒"，大幅加大资本支出进行逆周期投资，继续扩大产能，并坚持在技术上开发更大容量的DRAM。

1986年底三星累计亏损3亿美元，资本亏空殆尽，但幸运女神很快眷顾了三星，1987年美国和日本签订了《美国半导体协议》，日本被迫让步，通过限产并提高DRAM内存价格的方式提高美国同行企业进入日本市场的竞争力。三星坐收渔利，此前刚刚扩大的产能，立即填补了日本限产自废武功的市场空缺，供给全球半导体市场的刚性需求。原本期待从《美日半导体协议》获利的英特尔，不但未能扩大市场规模，反而因为三星的杀入，加剧了竞争压力，被迫从 DRAM 领域彻底退出。

13.3.2 打趴日本存储企业

长年以来，存储行业遵循"投资-产能过剩-供过于求-玩家退出-供不应求-投资"产业周期规则。1996—1999 年是世界半导体史上的又一次周期波谷。三星再次祭出逆周期投资战略，而此时日本日立、NEC、三菱的内存部门也因不堪重负而被母公司剥离，日本东芝宣布自 2002 年 7 月起不再生产通用 DRAM，由此日本 DRAM 仅剩下尔必达一家。

20 世纪 90 年代初，存储产业巨大的研发投入，让不少企业选择了合作研发，建立存储技术联盟，包括日本 NEC 和美国 AT&T、日本索尼和美国 AMD、日本三菱和美国德州仪器等。回头看，依靠他人研发技术的公司，与三星在存储产业坚忍不拔、持续投入相比，很难走远。

韩国三星从 1983 年拜师学艺，到 1999 年打败日本师傅和几乎全部师叔、师伯仅用了 16 年时间。

13.3.3 与日本和欧洲的存储企业说再见

2007 年初的全球 DRAM 产能过剩加之 2008 年金融危机，DRAM 单片价格从 2.25 美元暴跌至 0.31 美元，而韩国三星将 2007 年公司总利润的 118% 用于 DRAM 扩产，使得 DRAM 价格接连跌破现金成本和材料成本。

在这样的攻势下，德国厂商奇梦达于 2009 年初宣布破产，日本厂商尔必达于 2012 年初宣布破产，全球 DRAM 领域巨头仅剩韩国三星、韩国海力士和美国美光，欧洲和日本在存储芯片领域被彻底扫地出门。

三星的惊人逆袭可以归因于以下两方面。

其一，半导体产业每年需投入大量资本用于设备与技术的开发，

韩国三星工厂实景

而三星是典型的综合型集团公司,如果存储器市场一时低迷,三星仍可通过其他事业部门注入资金,这让三星逐步成为半导体产业巨擘。

其二,三星背后几乎站着整个韩国的全部力量,所以敢赌,它无须为了一时的财务亏损而调整战略。

第二个原因相对更重要一些,因为韩国政府的支持正是三星集团其他事业部门能够兴旺的重要保证之一。正如此前所述,韩国政府从鼓励财团发展半导体角度出发,一直尽其可能地将优质资源向财团倾斜。

第 14 章　取代日本企业的存储巨人

14.1　控制全球存储芯片的命脉

存储芯片是用来存储程序和数据的元器件,对于所有电子产品而言,只有有了存储芯片才会拥有记忆功能,才能保证产品的正常使用。

存储芯片是半导体产业中应用(市场)规模最大的单一品种,几乎占到全球半导体应用(市场)规模的20%~30%。2019年上半年全球半导体前五强,有三家是存储芯片厂商,分别为韩国三星(267亿美元)、韩国海力士(116亿美元)和美国美光(102亿美元)。三家厂商上半年销售收入总和超过了排行第一的IDM龙头英特尔(320亿美元)和排名第三的代工厂龙头台积电(148亿美元)之和。

存储芯片也是一个高度垄断的市场,其三大主流产品DRAM、NAND Flash、NOR Flash更是如此。DRAM被韩国三星、韩国海力士和美国美光三大公司垄断,三大公司市场占有率超过90%;而在移动DRAM市场上,三星与海力士的合计市占率超过80%,呈现压倒性优势;NAND Flash市场则被韩国三星、韩国海力士、日本东芝、美国闪迪、美国美光、美国英特尔等六家瓜分,其中韩国三星和海力士合计占有市场份额超过50%。

14.2 材料和装备高度对外依赖

韩国虽然拥有全球最大的存储芯片产业，但其半导体产业起步比美国和日本要晚15~20年，半导体材料和装备并没有完全跟上芯片产品的步伐。1994年，韩国政府主导，实施总预算2000亿韩元（2.5亿美元）的半导体设备国产化项目，鼓励韩国本土企业投资设备和原料供应链。韩国贸工部特地在首尔南部设立两个工业园区，专门供给半导体设备厂商设厂。韩国还以优厚条件招揽巨头德国默克、美国杜邦、日本网屏等厂商在韩国设立合资公司，寄望于获取半导体材料方面的核心技术。

14.2.1 硅片取得显著成效

韩国SK Siltron公司（原LG Siltron）已成长为全球前五大硅片制造企业，占据市场份额接近10%，能供应6英寸、8英寸、12英寸硅片。

从其硅片的主要客户看，其抛光片主要应用于DRAM、Flash、显示驱动等领域，外延片应用于MCU、CIS、电源管理芯片等领域，与韩国本土的芯片设计和制造布局充分吻合，硅片主要用于本土客户，尚未得到全球制造大厂的认可。

14.2.2 耗材设备仍需努力

2019年7月，日本一纸对韩出口管制鉴定了韩国半导体产业的自主可控成色。2019年日本经济产业省宣布，从7月4日起向韩国出口的含氟聚酰亚胺、光刻胶、氟化氢以及转让与之相关的制造技术（包括与制造设施出口有关的制造技术）等均不再包括在综合出口许可证制度范围内，日本将单独审批上述产品出口韩国的许可证并进行出口审查。

含氟聚酰亚胺、光刻胶以及氟化氢均是半导体行业的重要原材料,是三星、海力士、LG等企业生产DRAM内存、NAND闪存等产品的必要原材料。而日本则是这三大原材料的主要生产供应国,占全球含氟聚酰亚胺总产量的90%、氟化氢总产量的70%。全球半导体行业涉及光阻材料(光刻胶)的核心技术几乎被日本和美国企业所垄断,两者约占全球市场份额的95%。

一纸出口审查清晰地暴露出韩国半导体企业过度依赖日本材料与装备的弊端。一旦离开了日本这个原材料和设备供应大国的支持,韩国半导体极有可能寸步难行。同理,德国的材料、美国的设备对韩国半导体产业而言亦是必不可缺。

14.3 在产品多样化救赎的路上

韩国期望半导体产业摆脱对存储芯片的过度依赖,避免被其他国家和地区压制。

2019年5月,三星在硅谷召开"三星代工论坛",宣布大举进军存储芯片之外的半导体市场,给了其逻辑芯片和代工业务到2030年的路线图,提出每年将投入不少于92亿美元,雇佣1.5万名工程师进行存储芯片之外的技术开发。值得注意的是,三星已经进入了CMOS图像传感器市场,其最高分辨率和芯片尺寸均达到了移动图像传感器中的顶尖水平。

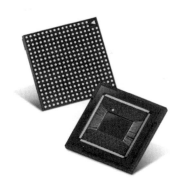

CMOS图像传感器

三星还研制了一系列物联网芯片,主要应用在100米以内的短距离范围里对家用电器和公用设施进行智能控制。三星的系统芯片组合还包括了移动应用处理器、汽车处理器和5G调制解调器解决方案。

另一家韩国巨头海力士则在2016年正式启动了CMOS图像传感

三星 5G 芯片

器(CIS)、显示驱动芯片(DDIC)、功率半导体(PMIC)等非存储半导体事业。海力士除了制造 DDIC、PMIC 外,还积极开发微控制器(MCU)、模拟数字混合信号芯片等多种工艺和 IP,增加可制造产品。

韩国用了 20 年时间才登顶存储芯片王座,其他非存储领域的产品技术发展不可能一蹴而就,至少目前无论是三星还是海力士,2019 年非存储半导体的收入比重仍在 3%~5% 之间徘徊。

中国自主发展的根

第 6 篇
此芯安处是吾乡

我国半导体产业的发展
道阻且长，行则将至；
行而不辍，未来可期。

第 15 章　亦步亦趋的后来者

从一开始被西方国家严密封锁，不得不依靠举国体制自力更生，到逐步扩大开放，"引进、消化、吸收、创新"，再到如今成为全球最大的电子产品制造和消费市场，我国半导体产业的发展走过了一条艰难、曲折的道路。

15.1　从无到有，产业体系初建

建国初期，我国虽然面临着国际和国内困难重重的局面，但凭借着留学归来的精英科学家和举国体制，我国半导体工业还是在华夏大地上扎扎实实地落地开花，形成了以特种工业和航天技术为牵引的半导体生产研发体系，为"两弹一星"、核潜艇等国之重器的研制做出了重要贡献。

15.1.1　漂洋过海的半导体种子

1949 年，新中国成立，百废待兴，一大批海外爱国学者学成归来，投身于祖国的建设中，也将半导体这个新兴产业带回中国并落地生根，其中最早的两位开拓者，就是黄昆和谢希德。

黄昆，1941 年毕业于燕京大学，后来到西南联大攻读物理系研究生，导师是著名物理学家吴大猷。在西南联大时，黄昆与杨振宁、张守廉同住一宿舍，人称物理系"三剑客"。毕业后，黄昆赴英国读书，因学业出色受邀与诺奖得主、德国物理学家玻恩合著《晶格动力学理论》，该书是固体物理领域的经典著作之一，至今仍是全球各大高校相关学科的必读参考书。在英国期间，黄昆做出的重要科学贡献包括首次提出了多声子辐射和无辐射跃迁的量子理论、首次提出了晶体中声子与电磁波耦合的振荡模式及有关的基本方程等，这些使黄昆成为声子物理学科的主要开拓者和奠基人。1951 年，黄昆践行自己"make a difference"的人生诺言，回到北京大学任物理系教授。

在黄昆回到祖国怀抱的同年，30 岁的谢希德从美国麻省理工学院理论物理专业毕业，她的爱人曹天钦也获得英国剑桥大学博士学位。1950 年，朝鲜战争已经爆发，美国禁止留美的理工科中国学生回国，但归国心切的谢希德在著名学者李约瑟的担保下来到英国，与曹天钦完婚后，两人便迫不及待回到祖国。回国后，谢希德被聘为复旦物理系教授，从无到有地开设了固体物理、量子力学等课程。

谢希德被称为中国半导体之母，是我国半导体物理学科和表面物理学科的开创者，也是新中国成立后第一位大学女校长。

青年时期的谢希德（左）与黄昆（右）

科技兴则民族兴，科技强则国家强，刚刚诞生的新中国迫切需要用科学技术改变自己落后的面貌。1956 年，周恩来总理牵头成立国家科学规划委员会,组织制定了《1956—1967年科学技术发展远景规划(以下简称"规划")》,把计算机、无线电、**半导体**和自动化列为国家生产和国防需要紧急发展的领域。根据这一《规划》,教育部决定集中北京大学、复旦大学、南京大学、东北人民大学(吉林大学)和厦门大学教师和学生资源,在北京大学创建了我国第一个半导体物理专业,黄昆和谢希德分别任教研室主任和副主任。

两年后,黄昆和谢希德合著的《半导体物理学》问世,这是我国第一部半导体领域的系统性著作,至今仍是半导体专业的经典教材。黄昆、谢希德等人培养了我国第一批本土的半导体人才,这些人才后来成为我国半导体产业的中流砥柱,其中很多我们今天仍耳熟能详,如中国科学院王阳元院士、夏建白院士、甘子钊院士、中国工程院许居衍院士,以及微电子专家俞忠钰、秦国刚等,我国半导体产业的人才培养和学科建设由此起步。

15.1.2 自力更生实现零的突破

在半导体行业发展的早期阶段,我国跟紧主流技术,发展出了独立自主的半导体产业体系。

1953年,位于北京酒仙桥工业区的北京电子管厂(744厂)开始筹建,主要为了满足军事通信和国防电子的需求,同时也是苏联援助中国的156项工程之一。"一五"期间,全国电子工业总投资额为5.5亿,北京电子管厂独得1.03亿,约占全国电子工业投资总额的$\frac{1}{5}$。北京电子管厂建成后,年产电子管1220万只,是当时亚洲最大的电子管厂,后来经过改制,发展成为中国显示面板领域的龙头企业——京东方。而酒仙桥地区也陆续建起了北京电机总厂、华北无线电器材联合厂、北京有线电厂(738厂)、华北光电技术研究所等单位,是当时中国最大的电子工业基地。

1957年,北京电子管厂通过还原氧化锗的方式拉出锗单晶,并研制出了锗晶体管,距离美国贝尔实验室发明晶体管相隔10年。第二年,中国科学院的王守武、王守觉研制出了中国第一批锗合金高频晶体管,频率达到150MHz,并成功应用至109厂(现中国科学院微电子所)的109乙计算机上,而109机型的晶体管计算机为新中国若干事关国家长治久安的重大工程做出了卓越贡献。

北京电子管厂检验车间

1959年,归国学者林兰英在美国禁运无法获取保护气体氩气的条件下,创造性地采用真空法拉出了单晶硅,仅比美国晚了一年时间。同年,清华大学李志坚老师带领团队拉出了高纯度多晶硅。

1959年,在地球的另一边,美国德州仪器和仙童半导体各自发明了集成电路,实现了将多个晶体管集成到一个硅片上的设想。随后,仙童不断改进平面光刻技术,集成电路规模越来越大,开启了集成电路迅猛发展的时代。也是在这一时期,苏联撤出全部援华专家,更激发了我国半导体人艰苦奋斗、独立自主的科研精神,半导体产业的发展不仅没有停滞,还突破了一个又一个技术难关。

1960年,中国科学院半导体所和河北半导体研究所正式成立。同年,黄昆、王守武、王守觉、林兰英等人紧随仙童半导体,开始研究平面光刻技术,于1963年研制出硅平面型晶体管,并成功应用于

109 丙型计算机上,仅比美国仙童发明平面工艺晚 4 年。

1962 年,林兰英带领团队研发出硅外延工艺。

1964 年,年仅 25 岁的清华大学毕业生康鹏,发明了"隔离-阻塞振荡器",解决了国产晶体管产品品质不稳定且无法构建出"一致的、波形宽度标准的电路"的问题。在此基础上,哈尔滨军事工程学院成功开发了中国第一台全晶体管计算机"441-B",距离美国首台全晶体管计算机 RCA-501 的诞生仅 6 年时间。

1965 年底,河北半导体研究所召开产品定型会,鉴定了 DTL 型(二极管-晶体管逻辑)数字电路。1966 年底,上海元件五厂和华东计算机所鉴定了 TTL 型(二极管-晶体管逻辑)数字电路。这些逻辑电路已经包括与非门、与非门驱动器、或非门、与门等逻辑单元,标志着中国有了自己的小规模集成电路。

1965 年,为发展航天微电子与微计算机事业,中国组建中国科学院 156 工程处,由黄敞担任技术负责人。黄敞毕业于哈佛大学,毕业后曾在美国雪尔凡尼亚半导体厂工作。他将自己十多年来在晶体管、集成电路领域积累的知识与经验,毫无保留地传授给年青的科技人员,完成了我国第一个航天 TTL 双极集成电路 B 系列产品,成功应用于卫星和运载火箭的制导控制计算机上。

可以看到,在半导体技术诞生初期,我国在半导体科研进展和工业体系建设方面,仅次于美国,全面领先于日本、韩国和我国台湾地区。

15.2 努力奋进,却越追赶越落后

1965 年,戈登·摩尔提出"摩尔定律",标志着半导体产业走出萌芽期,全球半导体产业开始沿着"摩尔定律"一路狂奔,中国也开始进行大规模的半导体工厂建设。但是由于中国长期积贫积弱,科技基础差底子薄、对半导体产业发展规律认识不足以及西方技术封锁等原因,我国的半导体产业被世界远远甩下。

15.2.1 半导体产业建设热潮

1968年,第四机械工业部(1982年改组为电子工业部)筹建了我国第一家集成电路专业化工厂——国营东光电工厂(878厂)。同年,半导体研究所(中电科24所)在四川永川县成立,是我国当时唯一的模拟集成电路研究所。

除了双极型集成电路外,我国也开始MOS电路的开发工作。1968年,上海无线电十四厂首先完成PMOS电路的生产。20世纪70年代初期,永川半导体研究所、上海无线电十四厂和东光电工厂相继研制出CMOS电路。1972年,永川半导体所自主研制了中国第一块大规模集成电路,我国实现了从中小规模集成电路到大规模集成电路的跨越,仅比世界上第一块大规模集成电路晚了4年。

20世纪60年代末70年代初期,由于全球IC发展迅速,IC产品价格高、利润丰厚,我国各地掀起了一股半导体工厂建设高潮,全国共建设了四十多家半导体工厂。第四机械工业部筹建了749厂(永红器材厂)、871厂(国营天光集成电路厂)、878厂、4435厂(湖南长沙韶光电工厂)等;其他地区筹建了上海元件五厂、上海无线电七厂、上海无线电十四厂、上海无线电十九厂、苏州半导体厂、江阴晶体管厂、北京半导体器件二厂、三厂、五厂、六厂以及航天部西安691厂等。其中,749厂后来发展为天水华天电子集团;871厂为我国首次载人航天飞船"神舟5号"提供配套电路;江阴晶体管厂后来发展为长电科技;航天部西安691厂,则是侯为贵创立中兴前的工作单位。

15.2.2 浅尝辄止的技术引进

1972年,美国尼克松总统访华、中日建交,我国开始恢复与西方国家的经济技术交流。1973年,我国组建14人的电子工业考察团参观考察了日本主要集成电路企业,NEC同意向中国转让一条3英寸集成电路全线设备和技术。但是,由于当时我国尚处于非常时期,个别干部批判考察团从国外引进技术是"洋奴哲学、爬行主义"。此外，当时我国外汇也比较紧张，各种因素下，错过了一次引进境外整套集成电路技术的战略机会。

在20世纪70年代中后期，日本通过官、产、研相结合三位一体的发展方式，在存储器领域已经崭露头角；我国台湾地区和韩国也在竭尽全力地从美国引进整套技术和生产线。我国虽然建立了较为完整的半导体工业体系，但在芯片设计水平、芯片加工工艺，乃至电子产品方面，与世界差距在快速拉大。

1977年，在人民大会堂召开的科技工作者座谈会上，王守武发言讲到：全国共有600多家半导体生产工厂，其一年生产的集成电路总量，只等于日本一家大型工厂月产量的$\frac{1}{10}$。这句话道出了改革开放前我国举全国之力打造的半导体产业家底的尴尬。

15.2.3 举国体制的功过

回顾改革开放之前我国半导体产业的发展，建国初期我国半导体产业能够紧跟世界最先进的步伐，但是随着全球半导体产业的成熟，我国与世界的差距反而开始拉大了。

建国初期的成就主要得益于留学归国的精英科学家和我国的举国体制。归国科学家带来了半导体产业最先进科研理念和方法，而且早期半导体产品主要用于军事工业和航空航天，我国科研人员只需要将欧美国家的技术在有限的条件下复制出来，就算完成了技术上的突破。在举国体制下，我国可以调动全国的力量，进行技术培训和攻关，比如1956年举全国五所高校之力办的北京大学半导体培训班；1968年CMOS集成电路进行技术突破时，878厂、上海无线电十四厂和永川半导体所的通力合作。我国的举国体制和美国硅谷当时鼓励员工"叛逆"、不严格的专利保护制度、禁止签署竞业禁止协议鼓励人才自由流动等政策有着异曲同工之妙，频繁的人才流动和技术交流，使处于萌芽阶段的半导体产业快速发展起来。

精英科学家加举国体制的方式，在不考虑成本和良率的军工和航空航天领域是有效的，也帮助我国完成了半导体产业从 0 到 1 的过程。但是，我国半导体产业从 1 到 100 的过程，遇到了越来越多的障碍。随着半导体产业进入快速发展阶段，国际上的半导体企业已经开始进入"利润积累-研发投入-技术提高-降低成本"的良性发展循环，并在收音机、电视机、个人计算机等下游终端的普及和牵引下实现了产业的整体繁荣。而我国计划经济体制下，企业在产品创新、资源配置、市场需求开发等方面缺乏主观能动性和灵活性，始终无法形成自给自足、持续生长的产业生态。

半导体产业甚至还成为被抽血的对象。在 20 世纪 60、70 年代，全国掀起了一股半导体热潮，各大半导体厂商的产品都极为紧俏，半导体工厂利润丰厚。但是在当时的体制下，国营工厂赚得的利润要全部上缴国家，企业想要进行技术升级改造或扩大规模，必须走立项申请，经国家批准后再拨付资金实施。这一过程繁杂且漫长，等资金到位，市场机遇往往早已消失。据 878 厂统计，计划经济年代 878 厂上缴利润达到当初总投资额的 8 倍。而且当时全国上下缺乏对半导体产业客观发展规律和投资规模的正确认知，我国一个五年计划对于半导体产业的总投资额还不及美国一个半导体公司一年的研发费用。

钱学森先生曾经感慨：60 年代我们搞两弹一星，得到了很多；70 年代没有搞半导体，我们为此失去很多。

15.3 三大战役，探索良性发展道路

改革开放起步阶段，我国进行全面的市场化探索，脱胎于国有军事工业体制下的半导体企业也被推向市场，国家缩减了对企业的直接投入，要求企业自负盈亏、自谋生路。在"以市场换技术"的理念引导下，半导体企业们为求生存、各自为战，先后有 33 家单位不同程度地引进了各种集成电路生产设备，累计投资 13 亿元，但最后建

成使用的只有少数几条,并没有达到"引进、消化、吸收、创新"的目的。20世纪80年代,大量的芯片半导体工厂经营不善,科研人员被迫下岗,造成了严重的人才流失和断代,与世界的差距越来越大。

为了解决全国半导体企业多头引进、重复布点的情况,1983年,国务院"电子计算机和大规模集成电路领导小组"对半导体产业布局进行了整体规划,提出要建立南北两个基地和一个点的发展战略,南方基地主要以上海、江苏和浙江为主,北方基地主要集中在北京、天津和沈阳,一个点指的是西安,主要为航天工程提供集成电路配套。

根据半导体产业的整体规划,在"七五"到"九五"期间,国家先后部署了"531"战略、"908"工程和"909"工程。

15.3.1 "531"战略

1986年,在厦门举行的集成电路研讨会上,电子工业部出台了集成电路"七五"行业规划(1986—1990年),规划明确在北京和上海建设南北两个微电子基地,并提出了我国半导体产业第一个重大战略——"531"战略,即"普及5微米技术、研发3微米技术、攻关1微米技术"。

"531"战略的主要承担主体是742厂,也就是江南无线电器材厂,原本以二极管为主要产品,20世纪70年代拓展至晶体管和分立元器件,其分立元器件在我国的市场占有率一度高达60%~70%。1977年,国家决定从日本引进彩色显像管生产线,指定742厂承接配套的3英寸、5微米工艺集成电路生产线和封测线建设。这是我国第一次全面引进国外集成电路产线,1980年开工建设,1985年通过验收全面投产,总投资2.7亿元,设计集成电路产能2684万块/年。到1987年,742厂的产量已占全国同类产品的40%,知名的电视机品牌熊猫、金星、凯歌等均装有742厂的集成电路。742厂也成为我国产首家现代化的芯片厂商,改变了我国"手工作坊"为主的芯片生产模式。

江南无线电器材厂

"531"战略提出后,全国各地集成电路企业都派出考察团奔赴无锡。742厂也积极响应国家号召,向全国推广5微米集成电路生产技术,免费赠送技术资料,派出技术员到其他企业支援。742厂曾对外放话:"来742厂学习,除了吃饭要钱,住宿不要钱!"由此可见,其对外传授技术的无私和热忱。在742厂的带动下,我国其他集成电路企业的技术和管理也得到了很大提升。

1983年,电子工业部从永川半导体所抽调500人在无锡设立分所,和742厂按照"厂所联合、统一领导,全面规划、合理分工,建制不变、独立核算"的原则建成了科研生产联合体,进行技术攻关,争取尽快掌握2~3微米工艺大生产技术。1985年,科研生产联合体正式注册为"无锡微电子联合公司";1987年,联合公司攻克了"七五"国家重点科技攻关项目——64KB超大规模集成电路的研制任务[一],并在742厂采用2.5微米工艺进行大生产,圆满完成了"研发3微米技术"的战略任务。80年代末,全球最先进的半导体生产工

[一] 晚于韩国4年、美国7年、日本10年。

艺是1微米左右,"攻关1微米技术"的任务对当时还在蹒跚学步的我国半导体人来说确实不太现实。1989年,在联合公司的基础上"中国华晶电子集团公司"正式成立,并再次走上"海外引进"的道路,引进项目就是后来的"908"工程。

在南北两个微电子基地建设方面,北京和上海选择了两条不同的道路。

为了加快北京市集成电路产业发展,1987年,北京市经讨论决定,利用北京器件二厂在建的净化车间,加上878厂引进的一部分4英寸生产线设备,两厂组建联合公司,取名为"北京燕东微电子联合公司"。但是由于资金短缺,燕东微电子花了5年的时间才把净化车间建好,又花了5年时间引入新的4英寸生产线设备,直到1996年才把产线跑通量产。而此时燕东微电子引进的4英寸生产线在我国集成电路行业已经属于落后产能了,如果继续生产集成电路,产品没有竞争力,公司有可能走向倒闭。

为了活下去,燕东微电子的领导做出了"退一步、进两步"的战略决策,从生产集成电路退回生产分立器件,一方面,随着改革开放,我国东南沿海地区率先发展起来一批电子加工厂,生产各种小型家电、电子整机等,对分立元器件的需求十分旺盛;另一方面,燕东微电子的高标准洁净间及4英寸线和当时国内主要分立元器件厂商相比,在规模和先进性上具有优势,生产出来的分立元器件价格低、质量好。在分立元器件市场站稳脚跟后,公司又回过头来开发模拟集成电路产品,逐步提高集成电路的投片比例。就这样,燕东微电子不仅在激烈的国内外竞争中生存下来,并且不断进步,2001年实现盈亏平衡,2007年建成6英寸产线开始投片。

2018年,在北京电控和国家大基金等股东的支持下,燕东微电子启动了5万片/月、8英寸特种工艺线的建设,开启了"二次创业"的征程。

在南方微电子基地建设方面,上海率先采用合资的方式。与外资合作、技术共享、利润均分，同时解决了资金、技术和市场问题㊀。

1988 年，上海无线电十四厂和上海贝尔公司合资设立上海贝岭，外资占股 40%，采用 IDM 模式，主要业务是为上海贝尔提供通信专用集成电路。**1992 年，邓小平在视察我国第一家中外合资集成电路企业上海贝岭时，发表了著名的姓"社"还是姓"资"的讲话。**

1998 年，上海贝岭在上海证券交易所上市，成为我国集成电路行业的首家上市企业。经过近三十年的发展和转型，今天上海贝岭已经变成中国电子（CEC）旗下的一家综合型纯设计公司，主要产品涵盖电源管理、LED 驱动、AC/DC 转换、MCU、EEPROM 存储器等。

在上海贝岭成立的同时，上海无线电七厂和飞利浦成立合资公司上海飞利浦半导体公司，为飞利浦集团提供模拟电路。到 1995 年，引入北方电讯，更名为上海先进，转型成一家专门的模拟芯片代工厂（Foundry），并于 2006 年在香港证券交易所上市，2018 年被中国电子信息产业集团（CEC）收购。

"七五"期间虽然基本实现了"531"战略的目标，但我国半导体产业整体资金投入少和人才短缺的问题一直没有改善。由于历史原因，大多数工厂无法对从国外引进的生产线和技术进行消化吸收，只能照本宣科，引进什么就生产什么，无法进行技术改造也不能适应本地市场的需求。而且那时候半导体技术正处于快速升级的阶段，由于"巴统"限制以及决策、资金和建设速度等原因，大量工厂引进即落后，生产出来的产品几乎没有竞争力。

"531"战略的主要成果是推动我国半导体产业走上了大规模产业道路，但并没有能够缩短与美国、日本两大强国的产业差距；相反，差距仍在拉大。1988 年，我国的集成电路年产量终于达到 1 亿

㊀ 采用合资方式引入半导体技术，我国比韩国晚了近 20 年。

块,这标志着我国集成电路产业开始进入工业化大生产,这一标准的达成时间比美国晚了20年,比日本晚18年。

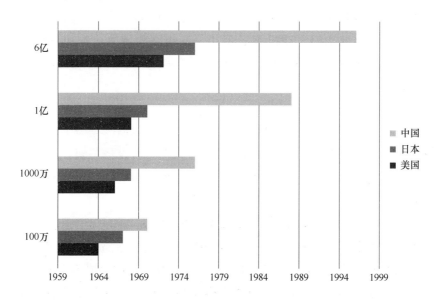

产量	100万	1000万	1亿	6亿
美国	1964	1966	1968	1972
日本	1967	1968	1970	1976
中国	1970	1976	1988	1996
落后美国/年	6	10	20	24
落后日本/年	3	8	18	20

美日中 IC 年产量达成时间及时间差距

(数据来源,朱贻玮《集成电路产业50年回眸》)

15.3.2 "908"工程

著名评论员张召忠曾总结:"1991年的海湾战争是计算机芯片对钢铁大炮的战争,在指甲盖大小的芯片面前,昔日的陆地之王和战争之神一败涂地。"

在海湾战争中,美国第一次大规模使用精确制导武器,其中核心的零部件就是半导体芯片。海湾战争让我国第一次意识到在科技方面,尤其是半导体领域与西方国家的巨大差距。而此时,日本半导体企业正与美国龙争虎斗,韩国、我国台湾地区也在美国的扶持下快速发展,在这些经验的启示下,国家决心对半导体产业进行大规模投入。

1990年10月,国家计划委员会和机电部在北京联合召开座谈会,随即决定实施"908"工程,到1992年,国务院正式下文。"908"工程指的是20世纪90年代第8个五年计划中,国家发展微电子产业重点工程的简称,主要内容是:建设一条6英寸、0.8~1.2微米技术、月产1.2万片的超大规模集成电路生产线。

由于742厂(华晶电子前身)有丰富的海外引进经验,908工程主要就落在了前面提到的华晶电子身上,工程规划总投资20亿,其中5亿投资给9家集成电路企业用于设立设计中心,15亿投资在华晶电子,用于从美国朗讯引进0.9微米工艺产线,所需资金由建设银行提供贷款。这个方案可谓精妙,当时美国英特尔最先进的工艺是0.8微米,而且国际上已经开始出现设计厂和代工厂分离的趋势,然而,"908"工程的结果却让人大跌眼镜。由于种种原因,"908"工程光经费审批就花了两年,引进生产线又花了三年时间,到真正建成投产,已经到了1997年,而且建成月产能只有800片左右,加之我国当时缺乏集成电路先进生产线的运营经验,产能爬坡缓慢。90年代末,英特尔的最新工艺已达到0.25微米,"908工程"规划时与世界同步,但生产线建成之时,就已落后于国际主流技术4代以上,投产当年即亏损2.4亿,成为"投产即落后"的经典案例。

为了自救,1998年2月,华晶电子将部分设备租给香港上华半导体公司。上华投入2800万美元,引入美国和我国台湾地区团队,迅速进行产能爬坡,到1999年5月就实现了盈亏平衡;同年8月,上华持股51%,华晶持股49%的合资公司——无锡华晶上华半导体公司成立,成为我国大陆第一批采用开放式晶圆代工模式的半导体工厂。

2002年,华润集团完成对华晶电子的整体收购,并将其更名为

"无锡华润微电子有限公司",经过多年发展及一系列整合和资本运作,华润微电子已拥有设计、制造、封测完整的产业链,是我国前十大半导体企业[⼀]中唯一一家以 IDM 模式为主的半导体企业。

2020 年初,华润微电子在科创板挂牌上市。

"908"工程 6 英寸生产线键合工艺

"908"工程是我国对半导体产业的第一次大规模投入,虽然由于当时的决策体制和经验不足等原因,没能跟上世界半导体产业前进的步伐,最终导致项目不顺利。但是"908"工程的实施,带动了一大批设计、制造、封装测试、装备材料等半导体产业链上下游企业在无锡乃至长三角周边落地,使长三角地区成为我国重要的"南方微电子基地"。同时,"908"工程还是我国半导体产业专业人才的"黄埔军校",至今仍有 300 多位"华晶"人继续奋斗在我国集成电路产业链的重要岗位上。2017 年 12 月,90 岁高龄的原华晶集团董事长王洪金先生被中国半导体行业协会授予"终身成就奖"。

[⼀] 根据中国半导体协会 2018 年的数据。

在"八五"期间，为了避免重复投资，提高资金利用效率，我国电子工业部决定全国重点建设5个集成电路骨干企业，除了前面介绍的上海贝岭、上海飞利浦和无锡华晶外，还有绍兴华越和北京首钢日电。

绍兴华越前身是甘肃871厂在绍兴设立的分厂，1988年改名为华越微电子有限公司。华越微电子在80年代引进一条3英寸和一条4英寸生产线，主要生产LS TTL（低功耗-肖特基-晶体管-晶体管-逻辑电路）型数字电路和双极型模拟电路。八五期间，又投入5亿元，新建一条5英寸产线。在20世纪80、90年代，华越微电子IC产量连续多年居全国同行第二。但是2000年以后，由于当时绍兴强调"纺织立市"，对高投入、高风险的IC产业重视程度不够，缺乏投入和人才流失，导致华越日渐式微，到2018年，华越宣布关停生产线，令人惋惜。

北京首钢日电是首钢集团和日本NEC于1991年成立的合资公司。首钢是20世纪90年代初北京最有钱的单位之一，1991年开始跨界进入半导体产业，采用日本NEC的技术，投资2亿美元，建设了一条6英寸、1.2微米CMOS工艺线，并于1995年正式量产，产品主要返销给NEC。但是随着2001年互联网泡沫导致的半导体低潮，NEC订单大幅缩减，合资公司陷入亏损，艰辛发展多年，最终关厂并将设备卖给了燕东微电子。

1989年，在无锡曾经召开过一次IC产业发展战略研讨会，会上总结了当时制约我国IC产业发展的主要因素：一是缺乏对产业发展规律的认识和正确的战略规划部署；二是投资金额不足且分散，低水平重复引进和重复建设过多；三是下游应用市场没有开发起来；四是工业基础差，无法提供IC产业所需的先进设备、材料等配套；五是西方国家的技术封锁，无法引进最先进技术。

现在回头看30年前会议总结的五点要素，只有第三点下游应用的问题得到了解决，第二点虽然投资金额的问题解决了，但是重复投资的问题反而愈演愈烈。而其他一、四、五点至今依然是我国半导体产业发展的主要障碍。

15.3.3 "909"工程

1995年,国家领导人参观了三星集成电路生产线,发出"触目惊心"的四字感慨。电子工业部向国务院提交了《关于"九五"期间加快我国集成电路产业发展的报告》,在党和国家领导人的支持下,1996年,"大规模集成电路芯片生产线"项目批复实施,项目计划投资100亿元,建设一条8英寸晶圆、0.5微米工艺技术起步的集成电路生产线,这就是"909"工程。

吸取了"908"工程的教训,为了加快进度,1995年,国务院和上海市政府直接按照6:4的出资比例共拨款40亿元人民币开始建设。第二年,国务院决定再增加1亿美元拨款,用来建设配套的IC设计、半导体元器件销售以及对外投资等。同年,上海华虹微电子有限公司正式成立。1997年,与日本NEC组建上海华虹NEC电子有限公司,作为"909"工程的承担主体。上海虹日国际、上海华虹、北京华虹集成电路设计公司等企业也陆续成立,作为配套的设计和销售公司。

"909"工程——华虹-NEC

"909"工程是在国家领导人带着"砸锅卖铁"决心的背景下启动的。电子工业部部长胡启立亲自挂帅,他知道"如果'909工程'再翻车,就会把这条路(中国发展集成电路产业)堵死,可以肯定若干年内国家很难再向半导体产业投资。"

顶着巨大压力,胡启立决定背水一战,项目于1997年7月31日开工建设,到1999年2月开始投片试产,只用了不到两年时间,工艺技术从原定的0.5微米升级到0.35微米。依靠NEC给的64MB SDRAM存储器订单,华虹NEC建成当年即盈利,2000年更是取得了30.15亿元的销售收入,净利润5.16亿元。

华虹吸取了我国之前发展半导体的经验,成立之初就将市场化放在了第一位,积极拓展客户,与NEC合作时,就要求NEC入股,并签署包销协议;在工厂建设时,就成立设计公司进行产品设计开发,于1999年成功开发了我国首块具有自主知识产权的非接触式IC卡芯片,并应用于上海公交一卡通项目。除此以外,华虹还对外进行投资,进行产业布局的同时获取了一定的财务回报。

华虹的众多提前布局,让其没有在随后而来的全球DRAM大战中倒下,更是把DRAM大战最大受害者NEC对华虹的影响减至最小。2001年,美国互联网泡沫破裂,全球陷入经济危机,DRAM价格瞬间跌掉90%。在美、韩、日三国的存储器大混战中,日本企业被打得溃不成军,日本NEC自顾不暇,并宣布在2004年前退出DRAM领域。2001年,华虹-NEC亏损13.84亿元。这时,华虹充分依托前期积累的非DRAM领域客户,迅速转型为开放式的晶圆代工厂。到2005年6月,华虹完成并超过了"909"工程立项时的所有目标。

"909"工程是我国半导体产业在自主创新道路上的一次难得实践,积累了宝贵的人才和经验,起到了良好的示范作用。它的成功实施,带动了上下游产业链的发展,也为境外集成电路制造商在我国投资做了铺垫。至此,我国一条自我发展、良性循环的半导体产业道路已经初现雏形。

在 1977 年 7 月的科技工作者座谈会上,半导体行业元老王守武先生建议:"一是抓住要害,解决提高大规模集成电路成品率的问题。二是集中力量,把几百家工厂的人力物力集中使用到两三家重点厂上去,使重点厂的设备条件能够赶上国际水平。"王守武老前辈的这一设想,改革在开放以后通过"531"战略、"908"和"909"工程得到了初步实现。

第 16 章　砥砺前行的追赶者

　　回顾我国半导体产业在 20 世纪的发展史：建国初期，通过归国科学精英和举国体制，在国防工业的牵引下，我国初步建立了与世界先进水平接近、相对独立完整的半导体产业体系；但是在计划经济和国家推动模式下发展的我国半导体产业缺乏持续的自我造血能力，只能满足基本的国防和航空航天需求，发展速度渐渐落后。改革开放以后，我国各家半导体企业又蜂拥引进国外二手生产线，由于资金短缺、人才断层、行政审批等原因，在摩尔定律的驱使下，出现了越引进越落后的局面；到 80、90 年代，在国家统一规划和投入下，通过"531"战略、"908"和"909"工程，在付出了巨大的学习成本以后，逐渐摸索出了一条自主发展、良性循环的半导体产业道路。

　　进入 21 世纪，随着我国加入 WTO，对外开放程度越来越大，凭借着人口红利，我国很快成为全球最大的电子产品生产国和消费国。在下游市场的牵引下，国际半导体巨头纷纷在我国设立工厂和研发中心，本土半导体企业也迎来了发展机遇。大批有海外留学经验、在国际顶级芯片公司工作多年的半导体人才，也在这一时期回到国内。

　　世纪之交，我国的半导体产业蠢蠢欲动、蓄势待发。

16.1　制造：政策鼓励，多管齐发

　　2000 年 6 月，面对中国半导体产业此前数十年发展差强人意的

局面，国务院颁布了《鼓励软件产业和集成电路产业发展的若干政策》，业界称之为"18号文"。18号文提出：经过5到10年的努力，国产集成电路产品能够满足国内市场大部分需求，并有一定数量的出口，同时进一步缩小与发达国家在开发和生产技术上的差距。很快，一系列配套的投融资政策、税收优惠政策、出口政策等纷纷出台。

在18号文的鼓励下，国际和国内资本纷纷开始在大陆设厂造芯，神州大地上一座座现代化代工厂拔地而起。

16.1.1 独具特色的彩"虹"

上海华虹（集团）有限公司成立于1996年，是国家"909"工程的成果与载体，在"909"工程的支持下，华虹建成全国第一条深亚微米超大规模8英寸集成电路生产线，一开始主要生产DRAM芯片并返销NEC。2003年，NEC退出DRAM市场，华虹从NEC收回了合资企业的经营管理权，转型为开放式代工厂。

华虹是全球最大的智能卡芯片代工厂。

20世纪，我国的IC卡芯片几乎全部依赖于进口，价格昂贵，售后服务差，而且存在重大基础信息泄露的风险。从1999年的交通一卡通和上海市社保卡项目开始，华虹成功开发出了具有自主知识产权的多种智能卡芯片，并逐渐拓展到其他应用领域，包括人口管理和身份识别、社会保障、市民卡、电信智能卡、手机移动支付、网上银行、安全门禁等。迄今为止，华虹已经累计出售了超过50亿颗智能卡芯片，为全国节省了千亿元的芯片购买费用。华虹是我国第二代身份证芯片的主要供应商，提供了全国75%的身份证芯片和80%的社保卡芯片。

华虹拥有我国规模最大、技术最先进的特色工艺线。

其特色工艺主要包括BCD、功率器件、射频器件、传感器、嵌入式存储等，具有工艺、应用、产品深度绑定，设计、制造、材料广泛协同的特点。目前，全球特色工艺产品在集成电路市场中占比约为

40%，随着 5G、物联网、新能源等领域的快速发展，全球对特色工艺技术和产能的需求也越来越旺盛。

华虹一直专注于特色工艺，经过多年发展，已经形成嵌入式非易失性存储器（eNVM）、功率器件、模拟、射频等多个特色工艺平台。华虹研发的 90 纳米低功耗嵌入式闪存（eFlash）工艺平台是我国最先进的嵌入式存储器技术，可为智能卡、安全芯片和 MCU 等产品提供高性价比的芯片制造解决方案。在功率器件方面，华虹的超级结 MOSFET 非常畅销，同时，华虹还是我国唯一拥有 IGBT 全套背面加工工艺的晶圆代工厂，可以提供从低压到高压的全系列解决方案。模拟电路方面，华虹拥有完整的模拟 CMOS 和 BCD 工艺平台，产品广泛应用于家电、手机、可穿戴设备等。在射频领域，华虹推出了 0.2 微米射频 SOI 工艺设计套件，可大幅提高客户的开发效率。同时，紧跟射频前端一体化的技术方向，华虹提供 0.13 微米开关和低噪声放大器集成的解决方案，未来甚至有可能与功放进一步集成。在特色工艺领域，华虹已经成为我国毋庸置疑的龙头企业。

华虹并没有止步于特色工艺，近年来在 12 英寸先进工艺上进行了连续布局。为了改变"代代引进、代代落后"局面，华虹成立之初就找到欧洲 IMEC 合作开发先进工艺技术，并共享专利技术，内部也十分注重本土人才的培养，坚持"产、学、研"相结合，2014 年还建立了上海市集成电路行业的首家院士专家工作站，培养博士三十余名。截止到 2018 年，华虹已经拥有超过 3000 项国内和国际专利授权，为我国集成电路制造业的独立自主做出重要贡献。

目前，华虹在上海和无锡共建有 3 座 8 英寸代工厂、3 座 12 英寸代工厂和 1 条 12 英寸工艺引导线。预计，华虹将继续强化特色工艺这一核心竞争力，持续推进"8+12"战略，在晶圆代工的细分领域快速发展壮大，成为我国本土代工厂中一道独具特色的彩"虹"。

厂　　名	所属公司	最先进工艺	产　　能
华虹一厂	华虹宏力	95 纳米	8 英寸月产能 175K
华虹二厂	华虹宏力	0.18 微米	
华虹三厂	华虹宏力	90 纳米	
12 英寸工艺引导线	研发中心	7~5 纳米	工艺引导线
华虹五厂	上海华力	65/55~28 纳米	12 英寸设计月产能 115K
华虹六厂	上海华力	28/22~14 纳米	
华虹七厂	华虹半导体（无锡）	90~55 纳米	

华虹产能分布

16.1.2　两岸交织的"中芯"

张汝京博士是知名的"建厂高手"，深谙建厂之道最重要的就是速度。2000 年，张博士来到上海考察，与上海市一拍即合，决定要建立一座中国最先进的晶圆代工厂，取名"中芯国际"，王阳元院士任董事长、张汝京任执行董事及 CEO。

2000 年 8 月，中芯国际打下了第一根桩，2001 年 9 月正式建成投产，前后仅历时 13 个月，创下了当时最快的建厂速度。

当时全球半导体产业处于低谷，正是投入半导体工厂建设的最佳时期。中芯国际趁机购入了大量的低价二手设备，一口气在上海建了 3 座 8 英寸工厂。2002 年，中芯国际在北京的 12 英寸工厂破土动工，2003 年，又以换股的方式，低价收购了摩托罗拉的天津工厂。就这样，张汝京仅花了 3 年就建立起了 4 条 8 英寸生产线和 1 条 12 英寸生产线，到 2003 年，中芯国际已成为全球排名第四的晶圆代工厂。

但是中芯国际的发展也不是一帆风顺。2003 年和 2006 年，台积电两次以侵犯商业秘密为由，将中芯国际告上法庭并取得胜利，中芯国际付出了 3.75 亿美元赔偿和 10% 股份的代价与台积电达成和解，张汝京博士也因此引咎辞职。同时，由于持续扩张带来的亏损、不同股东之间的利益冲突、半导体市场行情的遇冷等因素，一时间中芯国际风雨飘摇。2009 年，江上舟临危受命，出任中芯国际董事长，在他的斡旋和业务调整下,中芯国际很快稳住局势,然而不幸的是,2011年6月,江上舟因肺癌赫然离世,中芯国际再次陷入动荡。直到第三任CEO邱慈云博士上任,他注重成熟工艺的应用,不一味追求先进工艺;注重保持较高产能利用率,不追求快速扩张,并且更专注国内市场。在邱慈云的带领下,2012年,中芯国际再次走上盈利的道路,到2016年,中心国际产能利用率接近100%,收入、毛利、利润等盈利指标均创历史新高。

2017年,中芯国际再次向半导体先进工艺发起冲锋。前三星研发部总经理"技术大神"梁孟松出任联席CEO。梁孟松先后供职于台积电和三星,曾经深度参与台积电从130纳米至16纳米工艺的开发,后来又协助三星在14纳米节点上反超台积电。梁孟松加入后,中芯国际28纳米工艺的良率迅速爬坡,14纳米FinFET技术也在2019年宣布量产。据媒体报道,2020年初,中芯国际已经拿下了海思14纳米FinFET工艺芯片代工订单。

地 点	备 注	晶圆尺寸
上海	SH1	8英寸
上海	SH2	8英寸
上海	SH3	8英寸
深圳	SZ1	8英寸
天津	TJ1	8英寸
天津	TJ1(扩建)	8英寸
意大利	70%股权	8英寸
上海	SH4	12英寸
上海	SH5(新建)	12英寸
北京	BJ1(合资)	12英寸
北京	BJ2(全资)	12英寸
深圳	SZ2(新建)	12英寸

2018年中芯国际晶圆产线概况

当前全球最先进的半导体制造工艺是 7-5 纳米技术。在中芯国际的追赶下，我国与世界最先进半导体制造技术的差距已经缩短到了 4 年、两三代的差距。

16.1.3 先进的境外独资

除了我国半导体产业"双子星"华虹和中芯外，很多境外资本也纷纷来华设立独资的半导体制造工厂，给中国大陆带来了先进的制造技术并培养了一大批半导体产业工人。

早在 2001 年，我国台湾团队就在苏州成立了和舰科技（苏州）有限公司，投资 16 亿美金，建造一条 8 英寸、0.25~0.18 微米工艺的集成电路产线，这条产线也是当时国内最先进的半导体产线。在和舰科技的带动下，苏州工业园引入了多家半导体上下游企业，形成了一定的集群效应。2009 年，台湾联华电子收购和舰科技 85% 的股权，2014 年，联华电子与厦门政府合资成立联芯集成电路制造（厦门）有限公司，建设一条 40~28 纳米工艺 12 英寸代工生产线。

2002 年，中纬积体电路（宁波）有限公司在宁波成立，采用台积电的二手设备，建设了一条 0.35 微米工艺 6 英寸线，但是由于经营不善，连续亏损，于 2008 年破产。而这条 6 英寸线被比亚迪收购，成为比亚迪产业链中的一环。

2004 年，台积电在大陆的第一条 8 英寸线落户松江；2016 年，台积电投资 30 亿美元在南京独资建立一座 12 英寸代工线，工艺技术达到 16 纳米。

除了我国台湾地区的企业外，韩国和欧美企业也看中了我国大陆这块半导体制造业的处女地。2004 年，为了打进我国市场，韩国海力士和欧洲意法半导体联合在无锡建设一座 12 英寸晶圆制造工厂，主要生产 DRAM 和闪存。2007 年，全球半导体龙头英特尔宣布将在大连建立亚洲首家工厂（英特尔 Fab 68），投资 25 亿美元，采用 90 纳米、12 英寸工艺，主要产品包括 PC 芯片及闪存等。看到海力士在我国抢到了先机，韩国三星也坐不住了，2012 年在西安成立三星

（中国）半导体公司，投资 100 亿美元，建设一条 10 纳米、12 英寸芯片生产线，主要产品为 NAND Flash，这是中国大陆目前为止工艺最先进的半导体产线。除此以外，美国万代半导体和格罗方德也分别在重庆和成都设立工厂。

虽然主观上，国外和我国台湾地区的独资企业都对先进半导体制造工艺技术严防死守，绝不让我国大陆人员接触关键技术，但是客观上，这些先进半导体厂商的落户，一方面为我国培养了大量半导体产业从业技术工人，另一方面也吸引了全球半导体产业链向我国转移，为我国本土半导体制造业的崛起创造了有利条件。

16.2 设计：海派回归，自主创芯

当我国在芯片制造领域积极追赶世界的时候，芯片设计的星星之火也在这一时期点燃。

1985 年，国家提出"支持留学、鼓励回国、来去自由"的十二字方针，一场史无前例的出国潮席卷全国。据统计，从 1978—2018 年，我国各类出国留学人员累积已达 519.49 万人，我国成为全球留学第一大国。其中，有大批理工科学生率先出国，毕业后，在欧美半导体企业工作，增长见识积累经验。到 2000 年左右，我国加入 WTO 更加开放，美国互联网泡沫破灭经济陷入低迷，在这样的历史背景下，一大批积累技术、掌握了经验的留学生选择归国创业。

1999 年，在中国科协主席周光召的倡导和鼓励下，国家信息产业部直接投资 1000 万元，由来自美国硅谷的邓中翰、杨晓东等一批归国博士在北京中关村成立中星微电子有限公司，成为实施"星光中国芯工程"的主要力量。"星光中国芯工程"致力于数字多媒体芯片的研发、设计及产业化工作，其战略目的是以数字多媒体芯片为突破口，将"中国芯"大规模打入世界。2005 年 11 月，中星微登陆纳斯达克，成为第一家在纳斯达克上市的我国芯片设计企业。

国家 18 号文出台后，上海市最早响应，在同年即出台了《关于

本市鼓励软件产业和集成电路产业发展的若干政策规定的通知》，业界称之为"54 号文"。上海"54 号文"非常完备地给出了集成电路产业全覆盖支持政策，力度大，接地气。考虑到上海已经先后落地了全国最大的两家芯片代工企业华虹和中芯国际，在"54 号文"出台后的 20 年，上海凝聚了全国最多的 IC 设计团队。

2001 年，武平、陈大同、范仁勇等满怀着梦想，从硅谷回国创办展讯通信，2003 年开发出全球首颗 GSM/GPRS 基带芯片；2004 年又开发出全球首款 TD-SCDMA/GSM 双模手机基带芯片。

2003 年，赵立新从美国回到上海，创立格科微电子，聚焦 CMOS 图像传感器和 LCD 驱动。到 2014 年，格科微电子 CMOS 图像传感器芯片的出货量超过 9.4 亿颗芯片，在我国 CMOS 图像传感器市场出货量排名第一，全球市场排名第二。

2004 年，杨崇和和戴光辉创办澜起科技。公司两条腿走路，通过研制销售市场广阔的电视机顶盒芯片来解决吃饭问题；通过持续投入研发内存接口芯片以获取超额利润。2013 年，公司 DDR4 内存接口芯片率先通过英特尔认证，一跃成为行业龙头。2019 年，澜起科技在科创板上市。

2004 年，戴保家、魏述然等人在上海创立了锐迪科。两年以后，锐迪科推出自主知识产权的"小灵通"射频芯片组，打破了日系公司和美系公司的长期垄断，2010 年在美国纳斯达克上市。2014 年，紫光集团先后收购了展讯和锐迪科，合并成为紫光展锐，2018 年销售收入达 110 亿元，成为我国大陆排名第二的 IC 设计企业。

2007 年，一直做电子元器件分销的虞仁荣看到国产芯片的机会，决定向上游进军，创立了 IC 设计公司韦尔股份，主营分立元器件、电源管理 IC 等。2018 年，韦尔股份斥资 150 亿元，拿下了全球知名的 CIS（CMOS Image Sensor）芯片公司——豪威科技和思比科，跻身 CIS 全球三强，成为我国本土芯片企业崛起的典范。

我国大量优秀的芯片设计企业如雨后春笋般涌现，除了前面提到的这些，还有 2001 年成立的珠海炬力、福建瑞芯，2002 年成立的复旦微电子、汇顶科技、芯原微电子，2003 年成立的中兴微电子，2004 年成立的兆易创新、海思，2010 年成立的龙芯中科、泰凌微、峰迳科技，2012 年成立的菲恩格尔，2013 年成立的兆芯，2014 年成立的华大半导体、飞腾，2015 年成立的恒玄科技，2017 年成立的移芯通信、芯翼信息科技、冶精微等。这些芯片设计企业，或由归国留学生创立，或主要研发人员来自于境外，成为我国自主芯片设计领域一道亮丽的风景。

16.3　封测：外延发展，跨越前进

半导体产业细分领域中，封装测试的技术门槛相对较低，是典型的资本密集型、人力密集型行业。2001 年，我国加入 WTO，在巨大人口红利的加持下，封装测试成为我国半导体产业发展最快的领域。2018 年的全球封装测试十强企业中，我国三大厂商长电科技、华天科技和通富微电分别排名第三、第六和第七，在全球市场份额的占比也达到了 20%。

长电科技的前身是 1972 年创办的江阴晶体管厂，后来随着我国半导体产业的发展几经波折，一度濒临破产。1988 年，32 岁的王新潮临危受命，被提拔为厂党支部书记，其上任后狠抓质量，并开拓 LED 新产品，很快将企业扭亏为盈。1998 年金融危机时，王新潮判断"中国一定会成为世界分立电子元器件的中心，而中国的集成电路市场还处于人才和技术的积累中"。他力排众议，进军国产分立元器件封装市场，并大幅扩张生产规模，当年产能即从 3 亿颗猛增至 13.5 亿颗，一跃成为我国最大的分立元器件制造商。随着国产分立元器件市场的快速增长，长电科技也迎来了新的发展高潮，到 2001 年，产能更是达到 100 亿颗。2003 年 6 月，长电科技于 A 股上市，成为我国半导体封装测试行业第一家上市公司。上市以后，长电科技不仅大力投入研发，还通过积极的资本运作，收购了当时全球排名第四的新加坡封测厂商星科金朋，以小吃大，跻身世界先进封装厂商的

行列。

长电科技前身江阴晶体管厂

华天科技的前身是1969年成立的永红器材厂，1995年搬迁至甘肃天水，进行重组改制，取得了长足发展，成为我国中西部地区重要的半导体产业集团。2007年，公司在深圳证券交易所挂牌交易。上市以后，公司布局"TSV + SIP"先进封装，在指纹识别芯片封装、手机CIS封装领域占得一席之地。2015年，华天科技并购美国FCI、迈克光电、纪元微科三家公司，打入欧美市场。2018年，收购马来西亚封测厂Unisem，进一步布局国际市场，并借此拓展手机射频芯片封装市场，迎接5G时代的到来。

通富微电成立于1997年，是一家中外合资企业，2007年在深圳证券交易所上市，总部位于江苏南通。通富微电是我国最早切入汽车电子封装测试的厂商。2015年，在国家大基金的支持下，通富微电一举拿下了AMD中国苏州和马来西亚槟城两个工厂各85%的股权，成为控股股东，当年在全球同行业的排名从第14跃居第8，产品档次也获得大幅提高。

华天科技天水秦州工厂

通富微电与 AMD 战略合作启动仪式

纵观我国三大封测厂商,尽管历史沿革不同,产品和技术方向各有特色,但都不约而同地通过外延并购实现了跨越式发展,这也体现了在半导体产业中,资本助力的重要作用。

16.4 资本:栉风沐雨,春华秋实

2013 年,我国集成电路进口额达 2313 亿美元,超过石油,成为

第一大进口商品,几十位院士联名提议,建议国家加大对集成电路产业的支持,这项提议得到了国家的积极回应。

16.4.1 大基金

2014年6月,国务院正式出台了《国家集成电路产业发展推进纲要》,将集成电路产业发展上升为国家战略;同年9月,国家集成电路产业投资基金(即大基金)设立,一期募资1387亿元。

2019年,大基金一期已全部投资完毕。其中,一大亮点是参股了多只基金和投资机构,相关参股基金和投资机构已经成为细分领域的领头羊,譬如上海硅产业投资集团股份有限公司是我国硅材料领域的主要投资者,上海集成电路产业投资基金在大型制造方向上颇有建树,北京芯动能背靠京东方进行面板产业链布局,上海中芯聚源依托芯片代工厂对半导体产业上下游进行投资,福建安芯产业投资基金重点布局三五族化合物领域,上海超越摩尔基金则专注于传感器、模拟电路等超越摩尔领域的投资。

据公开报道,大基金二期已启动,募资2041.5亿元。

16.4.2 半导体创业投资(VC)

资本对半导体产业的推动作用非常重要。半导体行业的发展,需要持续的巨额投资。产业的发展是渐进的,每个发展阶段都会有不同的机会。

半导体产业是全球性的,需要有国际化视野和格局。我国半导体领域创业投资的开拓者华登国际是一家全球知名的高科技产业创投机构,也是为数不多的全阶段持续践行者,历经了我国经济发展和国际化的全过程。华登1987年设立于硅谷,20世纪90年代初把风险投资概念带入我国,对我国半导体创业投资有较显著的推动作用。目前其已投资了近120家半导体企业,涵盖芯片设计、晶圆制造、封装测试、装备材料等全产业链,并完成了不少全球并购项目。

近年来,本土创业投资机构快速崛起,其中北极光资本、华山资本、武岳峰资本、临芯资本、上海科创投、深创投、浦东科投等在半导体领域持续深耕，各自取得了骄人的业绩。而智路资本、建广资产等专业投资机构则依托跨境半导体并购（PE）丰富案例形成的集成电路版图，向创业投资（VC）进行拓展。

半导体产业关系到国计民生和大众生活，是全球化的全竞争产业，必须得一步一个脚印、踏踏实实前进，需要多年的技术沉淀和管理经验的积累，需要广阔的应用市场，同时，还需要持续的资本支持。

半导体产业的精髓在于持续创新，但因为半导体产业投资周期长，退出通道有限，投资并不容易。科创板的推出，拓宽了融资通道，加速了产业发展进程。

如今半导体产业已经成为我国最热门的行业之一。但从全球来看，半导体产业正处于全球整合的阶段，产业更加成熟。国内半导体产业发展阶段更加多样化，带来了丰富的创业机会。在资本的助力下，相关企业的融资环境和人才待遇大大改善，同时也要避免热钱炒作和地方不当竞争的消耗，要避免造成人才流失和资源分散。

我国半导体产业已从廉价替代的"孵化"阶段进入到聚焦提高附加值、加强研发、引进新功能，与一线主流客户合作的阶段。我国的产业、消费和技术都在升级，这是国内投资的主线。

半导体产业是全球化联动的，不仅需要长期坚持，也要做好全方位准备，尤其是做好供应链计划，随时理性应对国际上不可预知的新情况。

16.4.3 半导体企业并购（PE）

整合是半导体企业追求增长和利润率等综合作用的结果，其中很重要的一点是整合可以减少竞争，提升话语权和定价权。但这些主要是发生在欧美发达、成熟的产业地区，我国则明显不同，还处于发展期，兼并整合还未成熟，有着巨大的发展空间。

自从集成电路产业上升到国家战略后，我国集成电路产业的境内外并购整合、资本投资愈加热烈。半导体企业并购（PE）与半导体创业投资（VC）相比，又有很大的不同，用临芯资本创始人的话说："半导体并购对投资人的毅力、眼光、胸怀有极大要求，犹犹豫豫做不成大事。"

结合我国过去数年的实践，下面尝试对半导体并购进行初步研判。

1.0 版是并购国内的半导体企业，由于我国资本市场给予集半导体企业足够公平、宽松的上市通道，我国投资机构并购半导体企业的 1.0 版本案例反而鲜见。

2.0 版是并购国内运营、境外架构的集成电路企业。经典案例如澜起科技，2014 年浦东科投联合 CEC、金石投资对纳斯达克上市的澜起科技进行私有化交易，当年被评为"最佳中概股私有化奖"。紫光集团私有化展讯通信、锐迪科，也属于这一类型，其主要特征是，并购对象是中资企业在境外上市公司，并购后退市成为中资控股企业，并择机在我国境内资本市场重新上市。

3.0 版是并购华人管理的境外企业。经典案例是豪威科技，其原为纳斯达克上市公司，中信资本、清芯华创和金石投资对其进行了私有化，并于 2018 年定增进入韦尔股份。另一典型案例是武岳峰资本牵头并购芯成半导体（ISSI）。这一类型与 2.0 版接近，但由于其本身并非是我国企业，境外监管是主要的挑战。

4.0 版是并购非华人管理的海外企业，也就是我们所说的纯境外半导体企业。经典案例是安世半导体，其原为全球第一大汽车芯片企业恩智浦的事业部，该事业部在分立元器件等领域排名全球第二，建广资产、智路资本对其进行了全资并购，并于 2019 年定增进入闻泰科技。这一类型半导体并购更需要非常专业的经验和卓越的境外口碑。其一，资金需要通过 ODI 出境，这是 2.0 版、3.0 版也需面对的事项。其二，文化认同感，迥异于 2.0 版、3.0 版与华人打交道的轻松愉快，4.0 版需要通过极其专业的口碑以跨越文化的鸿沟。其三，投后管理，投资机构一般需要在投资决策前，有一整套帮助标的企业打开我国市场的方案。其四，需要国内外融合，如果有并购就是把技术拿回来的想法，就会导致标的企业核心员工的极大抵触，造成人才的流失。因此，不宜惦记标的企业的（存量）技术和产品工艺，而是应该努力做好增量，在境外树立起诚信、专业、共赢的口碑。这也是**为什么近年来国内部分实体企业并购境外半导体资产后发展不顺，但安世半导体这样由投资机构完成的重大项目反而收入和利润实现快速增长**的重要原因。2020年年初，智路资本对AMS环境芯片事业部拆分并购，亦是一个成功的典范。

4.0版并购虽然挑战不小，但并购成功后对地方政府来说却有巨大的经济效益和社会效益。如果并购的法人主体注册在某个地方城市，那么该城市：一是会有一个具有全球顶尖水平的芯片公司总部落户，拥有可观的存量收入规模，无须承担引入团队从零开始投入巨额资金创业的不确定性风险；二是地方政府将拥有芯片业务的上市主体和利润中心，而不是传统招商引资的区域总部、研发中心、子公司、分公司，因为并购的法人主体天然控股持有境内外的全部业务。

砥砺前行一甲子，中国的半导体产业终于迎来了曙光。

第 17 章　核心技术的挑战者

2020年初，当全国人民都沉浸在"新冠疫情"的悲痛中时，半导体圈又传来两个令人揪心的消息。据华尔街新闻报道，美国在考虑限制美国芯片制造设备的使用，寻求切断我国获得关键半导体技术的渠道；同时，日本时报称，签署"瓦森纳安排"的42个成员国，在2019年12月，同意扩大出口管制范围，半导体方面新增两项管制——大硅片研磨技术和光刻软件技术。大硅片和光刻机是半导体制造的关键原料和关键设备，缺乏这两项产品的供应，设计、制造和封装测试企业，都将巧妇难为无米之炊。这一方面说明我国半导体产业整体已经取得了长足发展，令美国感受到了威胁；另一方面，也提示在半导体产业的核心技术方面，我国仍任重道远。

17.1　大硅片——起了个大早赶了个晚集

在硅片制造方面我国起步并不晚，但是由于工艺、政策、产业发展等原因，直到近几年国产硅片才真正有所突破。

17.1.1　大硅片原理

芯片生产过程中所有的加工步骤都是在硅片上完成的，因此硅片是芯片制造过程中最重要的原材料，而且硅片的质量最直接影响芯片产品的良率。尽管硅就是沙子，来源丰富，但是要加工出满足芯片生产要求的硅片并不是一件容易的事情。首先，硅的纯度要求特别高，10亿个硅原子中最多只能有一个杂质原子。其次，随着半导体工艺的提升，对硅片平整度的要求也越来越高。例如，用于最先进工艺的 12 英寸硅片，平整度必须控制在 1 纳米以内，也就是从上海到北京，最大的起伏不能超过 3 毫米。

半导体发展早期，硅片只有 2 英寸大小，随着技术的发展逐渐演化为 4 英寸、6 英寸，目前主流为 8 英寸和 12 英寸。芯片的加工是以硅片为单位进行的，硅片尺寸越大，能够切出来的芯片数量越多，单个芯片的成本也就越低。

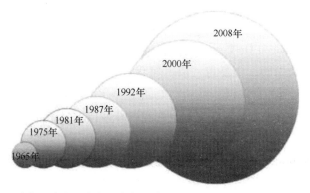

硅片尺寸示意图

目前我国大陆的半导体工厂建设如火如荼，根据 SEMI 公布的数据，全球于 2017—2020 年间投产 62 座半导体晶圆厂，其中 26 座设于我国大陆，这其中大部分将使用 12 英寸大硅片。但是，我国 12 英寸硅片几乎全部依赖进口，8 英寸硅片也只有少数厂商可以供应。

全球主要硅片生产企业以日韩、我国台湾地区和德国为主，由于工艺难度大，IC 硅片市场集中度非常高，全球前五大 IC 硅片供应商占市场占比达到 94% 以上，在 12 英寸大硅片的市场上，前五大供应商的占比更是达到了 97.8%。大硅片成为制约我国半导体产业发展的阿喀琉斯之踵。

17.1.2 起了个大早

我国硅片研发的起步并不晚。早在1959年,归国科学家林兰英就拉出了我国第一根单晶硅棒。

1997年,我国已经能够拉出12英寸的单晶硅棒,但是由于产业配套、市场需求等因素,我国生产的12英寸硅片纯度和平整度达不到半导体产业的要求,只能用于光伏发电等低端行业。

17.1.3 赶了个晚集

SOI(Silicon On Insulator)是一种特殊的硅片,它就像是三明治,在两层硅的中间,包裹着一层二氧化硅。SOI被称为"21世纪的硅集成电路技术",在低压低功耗电路、耐高温电路、微机械传感器、光电集成等方面有着重要应用,在我国却因技术封锁鲜为人知。

1998年,美国IBM公司宣布将SOI材料用于处理器芯片的生产,能够在可控的功耗范围内大幅提高CPU主频。而我国材料学界尽管从20世纪80年代起就在研究SOI材料,但我国的SOI从未走出过实验室。直到2000年,中国科学院上海微系统所终于在量产方面取得重大突破,并于第二年成立了上海新傲科技股份有限公司,仅用5个多月,建成了我国第一条SOI生产线。该项技术在2006年获得国家科技进步奖一等奖。

做科学家,必须把自己的研究与国家的战略需要联系起来,布大局,做大事。

2013年6月,在相关科学家的建言下,上海启动了12英寸大硅片的研发。2014年6月,上海新昇科技有限公司于成立,仅用一年多的时间,就完成厂房建设和设备安装。2016年,上海新昇拉出了我国第一根高质量12英寸晶棒,2018年开始大规模销售12英寸硅片。至2019年,新昇已经量产出货超过10万片12英寸大硅片,并获得28纳米逻辑电路和3D-Nand的正片认证,未来还将继续向20~14纳米大硅片的研发和生产进军。

第 17 章 核心技术的挑战者

2015 年底，上海市、国家大基金等部门和机构联合成立上海硅产业集团，借助资本的力量，加快我国大硅片产业的发展。硅产业集团成立以后，便把新昇和新傲并入旗下。2016 年，占有全球高端 SOI 硅材料市场 70% 份额的法国公司 Soitec，由于副业经营不善濒临破产，硅产业集团趁机入股，并促成 Soitec 将 Smart-Cut 这一 Soitec 独有的 SOI 硅片生产关键技术授权给新傲科技，使新傲科技成为我国大陆唯一具有 Smart-Cut㊀生产技术的企业。同年，硅产业集团还全资收购了芬兰老牌晶圆厂 Okmetic。Okmetic 成立于 1985 年，在半导体硅片行业摸爬滚打 30 余年，曾是全球第七大硅晶圆生产商，主要产品为半导体抛光硅片和 SOI 硅片。完成收购以后，硅产业集团立即着手进行产能扩张，随着行业的回暖，如今 Okmetic 已成为硅产业集团的主要利润来源之一。

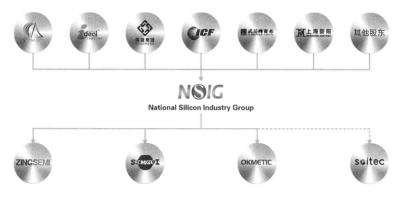

硅产业集团架构

2020 年初，硅产业集团于科创板上市，成为我国第一家上市的半导体大硅片和特种硅片生产企业。

㊀ Smart-Cut 是目前最先进的 SOI 生产关键技术，全球范围内，只有三家企业拥有授权，另外两家分别是全球第一大硅片企业信越化学与全球第三大硅片企业环球晶圆。

伴随我国大陆的建厂潮,国际、国内各路资本都看到了我国本地对大硅片的需求。截至2019年底,已有上海新昇、超硅半导体、中环股份、金瑞泓科技、有研半导体等十几家企业规划了12英寸大硅片研发及量产项目,规划产能超过400万片/月。我国实现半导体工厂"大米"的自给自足,指日可待。

17.2 光刻机——从造不如买到自主创新

光刻设备是芯片制造的最核心设备,而在这一领域,我国与世界先进水平仍有巨大鸿沟,虽然走过一段弯路,但我国的半导体人仍在为突破这一核心设备坚持不懈、孜孜以求。

17.2.1 早期的国产光刻机

1966年,中国科学院109厂与上海光学仪器厂协作,研制成功了我国首台65型接触式曝光系统。这套曝光系统,其实并不是严格意义上的光刻机,因为接触式曝光系统,其实就是将掩膜版放在涂有光刻胶的硅片表面,用可见光进行照射。掩膜版与光刻胶直接接触,对掩膜版和晶圆有损伤,因此后来又研发出接近式光刻机,掩膜版与光刻胶的距离在几微米,虽然避免了损伤,但是由于光的衍射,精度又有所下降。这一阶段,光刻精度主要取决于掩膜版的精度,光刻机并没有贡献太多价值。所以20世纪80年代以前,我国科研院所主要是在研究如何提高掩膜版的制版精度和光刻胶性能,关于光刻机本身的研究相对较少。

根据文献记载,直到20世纪80年代初,我国所使用的光刻机都是接触式光刻机。其中比较典型的是1981年上海光学机械厂试制成功的JKG-3型,这是我国第一代半自动接近(触)式光刻机,曝光有效范围为$\phi 50\sim 75mm$,一次装载25片2英寸晶圆,人工对准后,可以按照程序自动输片曝光。该种型号的光刻机至今仍在销售。

JKG-3 型高精度光刻机

1978年美国GCA公司推出4800DSW，采用分步重复精缩投影的方式进行曝光，将投影光刻的比例发展到1:5或1:10。此后很长一段时间，我国都将分步投影光刻机称为DSW。1979年，机电部45所开展了分步投影光刻机的研制，到1985年研制成功，经过电子工业部认定，认为技术达到美国4800DSW的水平，这是我国第一台真正意义上与现代光刻机类似的光刻机产品。

17.2.2 造不如买，错过机遇

改革开放以后，我国在部分领域推行"造不如买"的政策，一大批企业纷纷打起"贸工技"的旗号，抛弃独立自主，自力更生的理念，盲目对外引进。我国半导体的科研与产业出现了脱节，科研机构研发出成果，只能用于专家评审，评审以后就束之高阁，无法实现产业落地。一方面，科研机构研发出新技术和新产品，不够成熟稳定，企业不愿意采购；另一方面，科研机构通过做国家项目挣钱，也没有动力持续投入研发，将科研成果推向市场。此外，由于科研基础较弱，光刻机所需的部分零部件配套不够成熟，整机性能受关键零部件制约严重。就这样，在半导体产业快速发展的时期，我国光刻机的研发错过了与制造企业进行互动、共同成长的黄金机会，与国际水平相距越来越远。而随着半导体制造工厂投资规模越来越大，更加没有企业愿意在光刻机这种关键设备上试错，新玩家的进入门槛变得极高。

目前，全球光刻机厂商仅剩阿斯麦、尼康和佳能三家，能实现7纳米及以下光刻工艺的 EUV 光刻机只有阿斯麦一家能够生产。在产业已经发展如此成熟的情况下，我国企业和研究机构从零开始赶超，只能事倍功半。

17.2.3 亡羊补牢，奋起直追

为了解决半导体产业卡脖子的问题，2002 年，光刻机被列入国家 863 重大科技攻关计划，由上海微电子装备（集团）股份有限公司（SMEE，下文简称：上海微电子）来承担主要攻关任务，同时，中国电子科技集团 45 所也把自己研究分布式光刻机的团队搬至上海，共同开发。

当时国外公司傲慢地表示："即使把图纸和元器件全部给你们，你们也装配不出来"。上海微电子开始进行集成式创新，于 2007 年研制出了我国首台 90 纳米高端投影光刻机，成为世界上第四家掌握高端光刻机技术的公司。但是业界有专家表示，由于该样机大量采用外国关键元器件进行集成，在得知我国研制出光刻机后，外国公司默契地进行了关键元器件禁运，样机成了摆设，无法投入商业化生产。

为了求生存，上海微电子决定在以高端光刻机开发为主线的同时，把已经掌握或部分掌握的技术变成产品进行销售，从低端到高端逐步演进。基于这个思路，上海微电子形成了很多"沿途下蛋"的产品，其中比较典型的就是后道封装光刻机和平板显示光刻机。时至今日，上海微电子的后道封装光刻机不仅能够批量供货，还出口到了

国外，不仅解决了公司的生存危机，还有利润支持公司投入前道光刻机的研发。

光刻机是非常复杂的系统工程，需要在光学镜头、激光器、精密加工、自动控制系统、系统集成、光刻机软件等多个学科均有突破，其中有很多部分涉及基础科学，不是单独某一个企业就能完成的任务。荷兰阿斯麦一骑绝尘，但它的成功得益于全球供应链的紧密配合，镜头来自德国卡尔·蔡司、光源来自美国，几乎是西方近百年工业的技术结晶。我国要在高端光刻机上实现自主可控，仅靠一两家公司的努力并不现实。

因此，国家也开始对光刻机的核心关键技术进行梳理，开展全国科技大协作，投巨资和精兵强将进行攻关。长春光机所和国防科技大学光学精密工程创新团队等联合攻关光学曝光系统；中国科学院光电研究院等单位承担光刻机中的 ArF 准分子激光光源研发任务；清华大学对光刻机工件台子系统进行研发；浙江大学专注研制浸液控制系统。随着一个个光刻机子系统被攻克，我国高端光刻机的研发生产也有了越来越坚实的基础。

除了上海微电子和中国电子科技集团 45 所外，我国其他公司也在光刻机的不同品类上进行研发，如专注于激光直写/制版光刻设备的无锡影速半导体、合肥芯硕半导体，专注于 LED 光刻机的先腾光电科技等，有些已在低端及封测等后端应用上实现了突破。可以预见在不远的将来，我国最先进的晶圆制造厂里一定会有国产光刻机的身影。

第 18 章　持续奋进的领航者

我国半导体产业的每一次进步，都历经艰辛，凝聚着无数半导体人的汗水。

半导体产业是一个先发优势和马太效应特别明显的行业，芯片的设计和制造，一次性投入巨大，但是边际成本极低，规模效应明显，对产业后来者极不友好。一个典型的套路是先发的芯片企业通过技术垄断赚取超额利润，等市场上有了其他玩家，马上降价，市场售价比后来者的成本都低，让后来者越做越亏，最终断了进入市场的想法。

科技行业有意思的地方就在于，后来者并不是永远都没有机会，新兴的技术会在一定程度上削弱先行者的优势，一旦全球技术风向发生变化，大企业由于自身的惯性，反而容易错失良机。十年前，当全球 PC 业务开始衰退，技术风口转向移动设备时，需要开发低功耗处理器。微软和英特尔"Wintel"联盟因为其 X86 架构的历史包袱，在 ARM 处理器面前一败涂地，错过整个移动互联网时代，就连通信基带产品也只能成为苹果公司的备选方案，后来者 ARM、高通以及华为则走上了移动互联时代的高峰。如今，在全球技术风口转向 5G、AI、物联网、自动驾驶等行业的时候，我们发现已经有一些轻装上阵的本土企业在领跑了。

2000 年以后，我国凭借低成本劳动力和工程师红利，逐渐发展成为全球最大的电子产品消费和生产大国，客观上具备了发展半导体产业的基本条件。在全球半导体产业向我国迁移的浪潮中，已经有部分本土电子产业链企业走向高端，以技术而不是成本作为核心竞争力。

无论是科技新秀还是从产业链中拼杀出来的老将,只要这些企业能够持续奋进,保持优势,我国这些半导体公司就能随着市场一起快速成长,跻身全球半导体领导者的行列。

18.1 同步启航的 AI

2016 年 3 月,谷歌旗下 DeepMind 开发的 AlphaGo 以 4:1 的总比分击败围棋世界冠军李世石,再次引发人工智能的热潮。而这次人工智能爆发的核心原因就在于 AI 芯片的出现使得算力剧增,量变引起质变,人工智能具备了大规模推广应用的可能性。

18.1.1 AI 芯片分类

根据承担的任务和部署位置不同,一般将人工智能芯片分为云端训练芯片和终端推断芯片。深度学习算法不同于一般的算法,它的主要参数需要经过海量数据的训练才能形成,计算量巨大,需要在云端完成;训练后形成成熟的算法,可以对新输入的数据进行智能推断,推断一般在终端完成。

云端训练芯片一般对芯片性能要求很高,比如强大的单芯片计算能力、支持长浮点数、高效的内存访问控制和较大的数据交换带宽等。而终端推断芯片,通常部署在自动驾驶汽车、智能家居、手机及各类 AIoT 设备中,更多地考虑成本、功耗、面积和计算性能的折中,对数据吞吐量的要求较小。

传统架构的 CPU 用于人工智能计算效率极低,目前 AI 芯片主要有三种技术路线,分别是 GPU、FPGA 和 ASIC。

其中 GPU 最早被用于人工智能加速,是最成熟的 AI 芯片。GPU 发展时间长、生态成熟,具有良好的并行计算能力,特别适合深度学习算法的执行。英伟达在这一领域起步早、发展快,其推出的 Tesla V100 芯片,能够提供 120 TFLOPS(每秒 120 万亿次浮点指令)的处理能力,并且英伟达还有比较完善的软件开发环境,在云端训练芯片领域，占据了全球80%的市场份额。

FPGA即现场可编程逻辑门阵列，芯片电路功能可以反复修改，具有很高的灵活性，特别适用于处理器研发阶段的快速迭代，在小规模应用时，具有一定的性价比。但由于历史原因，我国FPGA企业实力较弱，主要以低端为主，全球FPGA架构的AI芯片仍被Xilinx、英特尔等巨头垄断，留给我国企业的机会较小。

ASIC定制化的特点能够针对不同应用进行专门优化，是理论上最佳的AI芯片。与FPGA和GPU相比，在大规模量产的情况下，具有较大的性能、功耗、成本等优势，但前期投入大研发周期长，随着人工智能应用范围越来越广，ASIC的优势逐渐凸显。在AI专用ASIC方面，我国与世界同时起步，诞生了一批独角兽公司，其中一部分已步入全球先进行列。

18.1.2 中美同台竞技

在AI领域，全球已经形成中美两强竞争的局面。

在全球创投研究机构CB Insights发布的2019年32家全球AI独角兽公司名单中，有10家来自我国。在全球AI顶级会议AAAI（the Association for the Advance of Artificial Intelligence）上的论文数方面，我国更是自从2017年以来，一直位居榜首，2020年的论文录取量更是稳稳地占据第一，达到总录取数的37%。而在AI应用领域，我国也走在世界前列，通过人脸识别抓逃犯已经不是什么新鲜事儿了，很多国产手机的AI美颜功能也已风靡全球。

2017年7月，国务院印发《新一代人工智能发展规划》提出了三步走的战略目标、计划到2020年人工智能核心产业规模超过1500亿元，带动相关产业规模超过1万亿元，与世界先进水平同步；到2025年实现基础理论的重大突破，初步建立人工智能法律法规、伦理规范和政策体系；2030年成为世界主要人工智能创新中心，形成一批全球AI科技创新和人才培养基地。在政策的鼓励和支持下，我国人工智能产业快速发展，整体产业规模已居全球第一。

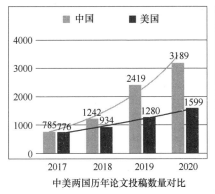 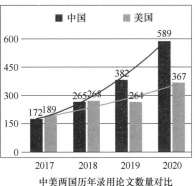

中美两国历年论文投稿数量对比　　中美两国历年录用论文数量对比

AAAI 年会上中美两国论文数量比较

18.1.3　我国优秀 AI 芯片企业

有人说，世界上其实不应该有 AI 企业，只有 AI+企业。AI 应该躲在具体应用之后，改造传统行业，润物细无声，而我国作为全球最大的单一市场，人口众多，应用场景丰富，最具有培育出全球 AI 龙头的土壤。

商汤科技就是我国最具潜力的企业之一。商汤拥有亚洲最大的 AI 研发团队，并且自建超算中心，以全产业链技术+大量应用场景构筑生态壁垒，积累了海量优质数据，反过来可提升算法训练效率和质量，形成良性循环。目前，该公司 AI 技术已涵盖人脸识别、图像识别、文本识别、医疗影像识别、视频分析、无人驾驶和遥感等，应用于手机、互联网娱乐、汽车、智慧城市，以及教育、医疗、零售、广告、金融、地产等多个行业。北京大兴国际机场的智能安检系统，就采用了商汤提供的人脸识别技术，通过生物特征实现了"人、证、票"三合一及"人包绑定"，将旅客安检通过率由 180 人/小时，提高到了 260 人/小时，既提高了安全等级也极大地节约了旅客过检等候时间。

算法的打磨需要用海量数据进行训练，而这一过程离不开 AI 训练芯片的支持。商汤科技从 2017 年起就大力投入 AI 训练芯片的研发,以打破英伟达在该领域的垄断。同时,商汤还与各个应用场景的传统龙头企业合作,共同开发包括终端推理芯片在内的硬件,真正将 AI 融入生活。

寒武纪是我国起步比较早的 AI 芯片创业企业之一,由中国科学院计算所孵化,其团队曾参与国产 CPU "龙芯"的研发,在全球 AI 芯片领域发表了多篇具有影响力的顶级论文,技术功底扎实。

2016 年,寒武纪发布了世界第一款终端 AI 处理器——寒武纪 1A,主要面向智能手机、安防监控、可穿戴设备、无人机和智能驾驶等各类终端设备。华为麒麟 970 处理器中的 NPU 神经网络单元,就来自于这款寒武纪 1A。实测结果表明,当时拥有寒武纪加速器 IP 的麒麟 970 芯片在人工智能方面的计算性能大幅超越了当时苹果公司的 A11 芯片。寒武纪帮助我国在 AI 芯片领域拔得头筹。

此外,我国知名的 AI 创业企业还有依图科技、云天励飞、地平线、深鉴科技、云从科技等。这些企业大半是全球 AI 芯片的大客户,据悉部分企业已在布局自研芯片。

在国内,聚焦 AI 赛道的不只有创业企业,传统互联网和芯片巨头也多有布局。2018 年,百度推出 "昆仑" 系列 AI 芯片,用于构建自动驾驶开放生态系统。2019 年华为推出 "昇腾" 系列 AI 芯片,采用达·芬奇架构,是目前计算密度最大的芯片单元。同年,阿里平头哥也推出 "含光" 系列 AI 芯片,成功应用于杭州城市大脑数据中心,与传统 GPU 相比,处理效率提高了 10 倍,延迟降低一半。

时至今日,AI 芯片行业仍方兴未艾,芯片性能记录每年都会被刷新若干次。目前,英伟达和英特尔两大巨头仍然主导这个市场,我国企业要想在其中分一杯羹,仍然路漫漫其修远兮,而这些持续奋斗的 AI 企业,就是我国的希望。

18.2 指纹芯片的王者

指纹芯片是我国极少数做成世界第一的芯片产品。

18.2.1 指纹芯片的江湖

人的指纹具有终身不变且唯一的特点,被用来代替输入烦琐且容易忘记的密码再合适不过。指纹识别在电子设备上的应用由来已久,2000年前后,IBM笔记本、摩托罗拉手机上都曾出现过指纹识别的身影,但那时候指纹识别芯片采用刮擦式的识别方法,使用并不方便。

2012年,AuthenTec发明了正面按压式指纹识别技术,被苹果公司一眼相中,应用于iPhone 5S中,并称之为"Touch ID"。"Touch ID"与解锁、支付、密码输入等应用紧密结合,极大地提高了智能手机的便捷性,迅速普及开来。如今,指纹识别几乎成了智能手机的标配。同年,AuthenTec被苹果公司收入囊中,成为苹果手机的专用供应商。而一直与AuthenTec相爱相杀的瑞典FPC(Finger Print Card)则趁机占领安卓市场,在全球形成两大巨头垄断的局面。

这种情况一直持续到我国的汇顶科技进入指纹识别市场。

18.2.2 从草根创业到第一次跨越

2002年,汇顶科技成立于深圳,这是一家技术驱动型的公司。在公司成立之初,主要做固定电话芯片,随着固定电话的兴起,成为全球最大的固定电话芯片公司,年销售各种多功能电话芯片超过4000万片,客户涵盖全球知名电信运营商和顶级品牌制造企业。2006年,我国固定电话用户数达到了最高峰近3.8亿户,固定电话市场为汇顶科技的发展提供了第一桶金。

2006年以后,固定电话市场日渐萎缩,公司不得不开始转型,为一些家电厂商提供触控面板芯片。2007年,苹果公司发布了第一代iPhone,第一次使用了多点触控技术,汇顶科技一下子看到未来新的发展方向,决定转型研发电容触控技术,正式进军手机屏幕触控行业。到2010年,已经开始为一些山寨机出货。2011年时,公司接受了联发科的投资,在联发科的帮助下,公司的触控芯片开始进入品牌手机厂商。到2012年，触控芯片成为公司的主要营收来源，收入水平也从数千万跃升至5亿元。联发科的入股，可谓是助汇顶科技实现了第一次跨越。

18.2.3 指纹识别领域登顶全球王座

2013年9月，苹果公司发布了iPhone 5S，第一次采用指纹识别技术，汇顶科技又立刻跟进。2014年，汇顶科技的指纹识别芯片第一次做进国产手机魅族，不久又做进了华为、小米等手机厂商。公司虽然是后进入者，但是凭借持续创新，不断缩小芯片尺寸、推出活体指纹、侧边指纹等创新技术，终于在2018年，出货量超过行业老大瑞典FPC，成为全球第一大指纹芯片供应商。

2018年，指纹识别技术的普及率已经很高，继续增长的空间有限，而且随着技术的成熟，很多其他国产厂商也掌握了指纹识别技术，这一领域开始陷入红海竞争，传统指纹识别芯片的价格直接腰斩。2018年上半年，汇顶科技遭遇了业绩大滑坡，出货量虽然持续增长，但是价格大幅下降，净利润暴跌，公司进入了至暗时刻。但也是在这一年，汇顶科技的屏下光学指纹识别芯片实现了规模量产和应用，先后被vivo、华为、小米、OPPO等知名品牌引入，随后逐渐放量，到2019年，公司的业绩实现2倍以上的增长。

在这华丽转身的背后，是汇顶科技400位工程师历时5年的艰辛研发，早在2014年，公司就在美国申请了第一个屏下光学指纹识别的专利，2017年，汇顶科技在西班牙MWC大会上，率先展示了屏下光学指纹的用例。

屏下指纹识别芯片是汇顶科技第一次驱动一项全新技术从发明到大规模商用的转化，也是我国IC企业第一次打败欧美"大厂"，实现了在一个全新技术领域的引领。

18.2.4 未雨绸缪探索新的领域

汇顶科技凭借其在手机生物识别领域的提前布局，特别是在光学屏下指纹识别方面的正确预判，成为全球指纹识别芯片领域的王者。但是，手机市场规模虽大，波动也不小，为了抵抗技术周期，汇顶科技已经开始未雨绸缪，布局新兴技术领域。

据悉，汇顶科技正在投入 3D 结构光和 TOF 的研究，储备下一代手机生物识别技术，同时还在探索指纹识别在汽车市场的应用。对于未来重要的增长方向，汇顶科技则选择了 IoT 领域，并为此先后收购了德国协议栈技术公司 CommSolid 和恩智浦的音频应用解决方案业务。

汇顶科技的发展历史，也是典型的中国科技企业的发展史，一开始技术上采取跟随策略，亦步亦趋，借助我国全球最大单一市场做大规模，完成原始积累后，利用我国的工程师红利，进行大规模研发投入，最终成为技术引领者。

2016 年，任正非曾就提出了"无人区"的概念——无人领航、无既定规则、无先例可跟随。

经过近七十年的发展，我国部分半导体企业已经开始进入技术创新的"无人区"，在这里，我国的半导体人将继续风雨兼程、持续奋进，成为"无人区"的领航者。

18.3　高端刻蚀机的突破

摩尔定律讲的是半导体制造工艺和芯片性能的关系，但支撑摩尔定律不停向前推进的其实是不断更新的半导体制造设备。可以说，半导体设备行业是芯片制造的基石，擎起了整个现代电子信息产业。

2000 年以来，在国内半导体创业热潮的催动下，无数芯片设计、制造和封测企业拔地而起，热闹非凡，但半导体设备业的瘸腿导致现在整个产业发展很不健康，国家和社会的大量投资用于采购境外设备，同时还处处受技术封锁的限制。令人欣慰的是，在我国半导体人的不懈努力下，国产设备已经在部分领域冲进了世界前列。

18.3.1 微观雕刻者——刻蚀机

我们知道，光刻机、刻蚀机和薄膜沉积设备是芯片制造的三大核心设备，若将芯片比作一副艺术作品，那么光刻机是画笔，刻蚀机是雕刻刀，沉积的薄膜是作品的材料。

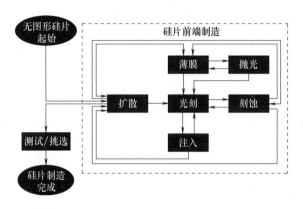

半导体加工流程图

刻蚀是使用化学或者物理方法有选择地从硅片表面去除材料的过程，是完成光刻工艺后复制掩膜图案的关键步骤。按照反应原理，刻蚀可分为干法刻蚀和湿法刻蚀。其中干法刻蚀是亚微米尺寸下刻蚀器件的主要方法，原理是将硅片表面暴露于等离子体中，等离子体通过光刻胶中开出的窗口与硅片发生物理化学反应，从而去除暴露的表面材料；湿法刻蚀则是利用液体试剂以纯化学反应的方式去除暴露材料，一般只在尺寸较大的情况下使用（大于3微米）。按照刻蚀的材料分，刻蚀机可以分为硅刻蚀机、介质刻蚀机和金属刻蚀机等。

在半导体先进工艺领域，刻蚀机的重要性更为重要。由于衍射效应，光刻机的分辨极限受制于光的波长，即使采用EUV深紫外光刻机，由于光的波长在13.5纳米左右，直接加工的极限尺寸为14~15纳米。更小尺寸（比如10纳米、5纳米、3纳米等）的加工,则要靠等由离子刻蚀和多重薄膜组成的组合拳,大幅增加了刻蚀步骤。也正因为如此,近年来,刻蚀设备是半导体设备增长最快的领域。

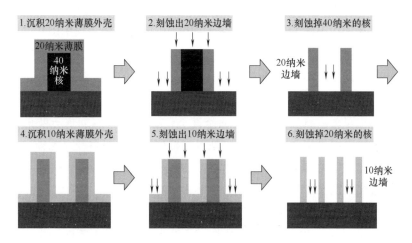

10 纳米多重模板工艺原理(来源:中微半导体招股说明书)

由于刻蚀机是半导体芯片制造的关键设备之一,曾长期属于发达国家出口管制产品。但刻蚀机技术发展相对成熟,产品种类多,使得全球刻蚀机的全球竞争更多元化,并不像光刻机那样,阿斯麦一家垄断,尼康和佳能也只有喝汤的份儿。

国际主流刻蚀设备厂商有美国的泛林科技、应用材料,日本的东京电子、日立先端,英国的牛津仪器等。目前全球刻蚀机市场占有率第一的是泛林科技,自 2012 年起,泛林科技凭借其较低的设备成本和简单的设计,逐渐在 65 纳米、45 纳米等成熟工艺的刻蚀设备市场上超过东京电子等企业,最终为行业龙头。而其他企业虽然市场占有率不高,但也都有自己的技术特点和擅长领域,并且专利布局完善,因此整个行业格局倒也稳定。也正因为如此,想在刻蚀机领域分得一杯羹,对于后来者无异于痴心妄想,而这一妄想被我国一家横空出世的企业所打破,这便是中微半导体。

18.3.2 行而不辍，未来可期

中微半导体成立于2004年，由一大批在全球半导体设备产业长期耕耘，做出过突出贡献的研发、工程技术、销售及运营专家创立。他们放弃了在美国的安稳生活，回到中国，展现了华人在中国半导体产业崛起过程中的努力与担当。

创业初期，中微半导体真的很"穷"，每年的研发经费只有不到5000万美元，还不及当时美国应用材料年均研发投入的1/20，可以说是杯水车薪。就在这样艰苦的条件下，2007年，成立仅三年的中微半导体就研发出第一代介质刻蚀机，首次采用可单台独立操作的双反应台，效率比同类产品高出30%以上，这也是我国第一次能够生产出这样的高端半导体设备。

之后的十年里，中微半导体相继自主研发了应用于65纳米、45纳米、28纳米、20纳米、14纳米、10纳米、7纳米工艺的一系列等离子体刻蚀设备。2015年，美国商务部宣布，由于已经有一家我国半导体公司制造出与美国技术水平相当的刻蚀机，所以取消了对我国刻蚀机的出口控制。由此可见，要想打破西方国家的技术封锁，只有自主研发这一条路可走。

中微半导体的回国创业之路走得着实辛苦，艰难是攻克技术，艰险是冲破围堵。中微半导体推出产品不久，先后遭遇了美国应用材料、泛林科技及维易科（Veeco）的起诉，但中微半导体全部胜诉。创业之初团队便已预料到要做高端设备，必遭美国的打压，因此提前做好了各项准备。刚回国时，公司要求人人签字画押，宣誓不从美国带走任何资料。产品开发时，研发团队深入分析刻蚀机已有的3000多个国际专利，小心避开它们，踏踏实实做自己的原创设计。在2019年12月举办的首届临港新片区投资论坛上，中微半导体创始人自豪地表示，经过16年的耕耘，在等离子体刻蚀机上中微半导体已经达到61%国产化，从美国采购的材料已经降到5%以内。在扛过美国各巨头的轮番打击后，中微半导体向市场证明了自己的研发实力，在先进设备研发的道路上越走越顺,也逐渐获得客户的认可。

公开报道表明,2019年,中微半导体自主研发的5纳米刻蚀机已经批量供货台积电;中微半导体还在与顶尖芯片制造企业密切配合,进行3纳米刻蚀机的研发。这意味着我国国产刻蚀机已成功打入全球芯片先进制程产业链,且设备水平已和国际前沿技术成功接轨。除了刻蚀设备,中微半导体的薄膜沉积设备也在行业领先客户的生产线上大规模投入量产,是世界先进、国内领先的MOCVD设备制造商。

诚然,中微半导体是海归团队归国创业的典范,但要讲我国的刻蚀机已经实现超车还为时尚早,虽然其刻蚀设备已经进入台积电、中芯国际等龙头企业,工艺水平也达到7/5纳米,但其2019年在全球刻蚀机市场占有率也才不到2%,在市场规模上与国际巨头相比仍有很大差距。造成这一差距的原因不仅是落后了数十年的技术经验,也有巨大的资金投入的差距。好在中微半导体还很年轻,我国半导体产业也很年轻,道阻且长,行则将至,行而不辍,未来可期。

18.3.3 六十年风雨兼程

北方华创由七星电子和北方微电子两家公司重组而来,是国内另外一家可以量产高端半导体刻蚀机的企业。与中微半导体的专注相比,北方华创的业务范围更加广泛,旗下拥有半导体装备、真空装备、新能源锂电设备及精密元器件四个业务板块。其中半导体装备板块产品包括刻蚀机、PVD、CVD、ALD、氧化/扩散炉、退火炉、清洗机、外延设备等品类,涵盖了半导体前道加工过程中的大部分关键工艺设备。

北方华创是国内本土团队自力更生、艰苦奋斗的典范,拥有六十多年的设备研制生产历史。

北方华创的前身七星电子由原国营700厂、706厂、707厂、718厂、797厂、798厂以及七星集团下优质资产于2001年整合组建而成。国营700厂在20个世纪60年代为国内多条电子管产线提供真空炉、氢气炉、排气台等核心设备,奠定了我国真空电子管制造产业的基础,到90年代,成为我国主要的彩色显像管制造装备研制企业,产品大批量替代进口,对我国彩色电视机国产化贡献卓著。进入21世纪后,其又成为我国最大的光伏单晶炉制造企业。国营706厂在20世纪90年代就开始进入二次电池设备研发制造领域,先后从事了镍氢电池设备、燃料电池设备、锂离子电池设备的研发工作,为我国二次电池设备国产化做出了重要贡献。718厂成立于"一五"期间,也叫国营华北无线电器材联合厂,开创了我国无线电元件生产的先河,被称为新中国电子工业的摇篮。1964年国营第718厂改制成立了706厂、707厂、718厂、797厂、798厂等专业工厂,后来并入七星集团,是国内高端电子元器件的骨干企业。

2016年,在国家大基金的斡旋下,七星电子和北方微电子实现重组,并于2017年改名为北方华创。

北方微电子成立于2001年,其股东包括清华大学、北京大学、中国科学院微电子所和中国科学院光电技术研究所等我国顶级科研机构,拥有10名"千人计划"专家,可谓人才济济。北方微电子重点攻关高端半导体设备领域,承担了大量"02专项"研发项目,尤其是12英寸晶圆产线的关键设备已经开始批量进入国内主流集成电路制造企业。

经历六十多年的风雨,北方华创已经发展成为我国品种最多、规模最大的半导体设备制造企业。在技术层面也是亮点纷呈,2019年其刻蚀机技术水平已发展至12英寸90~28纳米,14纳米工艺设备也已经进入了工艺验证阶段。

北方华创与中微半导体—北一南,成为我国本土半导体设备的两座高峰。

第7篇

天下归芯

全球半导体产业是一个伟岸大厦。一般以为,大厦总是由一砖一瓦组成的,每一个企业就是一块砖瓦。可是,如果认为身在半导体产业中,企业只是其中一块砖,那就大错特错了。因为现代化的大厦并不由单个砖瓦构建,而是由结构件组成。每一个结构件,就是一个产业协同体,相互支撑相互依存,一荣俱荣,一损俱损。如果某个企业不能发挥应有作用,未必是这个企业自身的原因,更可能是企业所在协同体出了问题。

国家是一个超大型结构件。具体产业的上下游产业链,也都是结构件;共性技术平台是连接件;联盟和协会参与调校结构。只要这个结构件足够科学合理,组成这个结构件的每一份子只可能越发展越好。

第 19 章　实现产业腾飞的挑战

19.1　工具：工作母机仍在萌芽

19.1.1　芯片设计的工作母机

一般认为，集成电路产业迅猛发展有两大推动力量，一个是 EDA 工具的支撑；另一个是材料精密加工与芯片制造工艺的发展。前者使芯片设计流程自动化，后者使集成电路产能规模化。

EDA 是电子设计自动化（Electronics Design Automation）的简称，也是集成电路设计必需的软件工具。在 EDA 工具出现之前，设计人员必须手工完成芯片的设计和布线；有了 EDA 设计工具，设计人员可以从概念、算法、协议等开始设计电子系统，将电子产品从电路设计、性能分析到版图设计的整个过程在计算机上自动完成，芯片设计的效率得到数百倍的提升。EDA 工具的产业规模虽然只占全球集成电路产业规模的 3% 左右，但对整个产业的影响却极为重要，正因为此，也有人将 EDA 工具称为半导体产业皇冠上的明珠、芯片设计之母以及芯片设计的工作母机。

EDA 厂商除了向芯片设计企业销售设计辅助工具外，还提供一些软硬件层面的 IP 服务，这些 IP 一般包括一些研发门槛较高的功能模块，对中小规模的设计企业颇有吸引力。

随着芯片复杂程度和集成度的快速提高，芯片设计对 EDA 工具的依赖度也与日俱增。早期单个芯片只完成单一功能，比如存储芯片、逻辑处理芯片、接口芯片等，现在芯片的复杂度和集成度越来越高，比如数模混合芯片、SoC 芯片等，对 EDA 工具的依赖和要求也越来越高。

19.1.2　高度垄断的供应商

EDA 产业已形成了美国新思（Synopsys）、美国铿腾（Cadence）和德国明导（Mentor）三足鼎立的局面，其中能涵盖芯片设计和生产全部环节的 EDA 厂商只有新思和铿腾，全球包括苹果公司、高通、英特尔、海思等在内的芯片设计厂商都需要向这两家公司采购软件和服务。

美国新思成立于 1986 年，由通用电气公司微电子研究中心的工程师团队创立，到 2008 年已成长为全球第一的 EDA 工具厂商。新思的成长是伴随着平均每年一起以上的同业并购而来的。新思通过并购整合细分方向上的领先技术和产品，迅速扩大企业业务规模。新思擅长复杂的片上系统（SoC）开发，其逻辑综合工具 DC 和时序分析工具 PT 在全球 EDA 市场一家独大。

美国铿腾同样成立于 1986 年，是 EDA 领域的全球第二大厂商，1997—2017 年共实施了 21 起对外并购。该公司产品集中在模拟电路、PCB 设计和 FPGA 工具方面。全球知名的半导体与电子系统公司多将铿腾软件作为其全球设计的标准。铿腾的产品涵盖了电子设计的整个流程，包括系统级设计、功能验证、集成电路综合及布局布线、IC 物理验证、模拟混合信号及射频集成电路设计、全定制集成电路设计、PCCE 设计和硬件仿真建模等。

德国明导成立于 1981 年，是印制电路板解决方案的市场领导者，在后端设计验证工具方面实力雄厚。除 EDA 工具外，还具有助力汽车电子厂商的产品，包括嵌入式软件等。2004—2014 年期间德国明导共实施了至少 8 项对外并购，成长为全球第三大 EDA 厂商。该公司在 2016 年被西门子整体并购。

19.1.3 我国 EDA 在萌芽

我国 EDA 起步几乎与国际巨头同步。就在美国新思和美国铿腾成立的同一年，北京集成电路设计中心（华大九天的前身）开始研制我国自主 EDA 软件，并于 1993 年发布了我国首套 EDA 工具——熊猫系统。但因各种因素，国产 EDA 软件发展缓慢，长期处于萌芽状态。目前，已有华大九天、概伦电子、国微集团、广立微、芯禾科技等数个 EDA 企业崭露头角。

从产业规模看，我国本土 EDA 的占比非常小。当前我国 EDA 市场 95% 由三大厂商垄断，其余 4% 由其他境外企业占据，留给本土 EDA 的份额微不足道。

从技术环节看，我国 EDA 企业大部分以点工具为主，缺乏全面支撑产业发展的能力。本土 EDA 工具门类短缺明显，部分关键工具缺失，譬如由新思、铿腾完全垄断的时序和功耗验证工具与定制设计工具等。但本土企业在局部有所突破，譬如在仿真端，华大九天和概伦电子已具有国际竞争力；在数据端，博达微拥有快速参数测试方案；在后端，芯禾具有完整的解决方案和竞争力。但论综合实力，我国的任何一家企业均与三大厂商差距甚远，这也导致我国设计企业客观上无法离开三大厂商的 EDA 平台。

我国 EDA 如何发展？

笔者的建议是回顾三个巨头走过的路，尽可能用更短的时间走完他们的路，具备跟巨人比肩的资格。

一是咬定并购不放松。芯片设计流程复杂，一个优秀的 EDA 工具必须全面覆盖芯片设计的各个环节，只有通过并购不断丰富产品内容，提供一站式解决方案，芯片设计企业才有动力尝试使用。值得一提的是，概伦电子于 2019 年底完成了对博达微的并购，开创了我国境内有规模 EDA 并购先河，也进一步增强其在半导体建模和测试的全球领导地位，打造全球首创的面向 DTCO 的测试、建模建库、仿真、验证为一体的创新 EDA 解决方案。

二是依靠高端客户增加促进产品迭代。EDA 的用户群，最好的设计和制造公司都在境外，真正卡脖子的工具需要被先进工艺和设计迭代，这个不是靠钱能解决的，同时本土市场规模相对小得多，几大领先 EDA 公司在我国销售占比都只占其全球收入 10% 左右，比主流芯片厂在我国的比例要小得多。

本土公司缺乏高端用户的产品迭代，当前本土 EDA 公司实现突破需要让技术和研发走向境外，进入高端用户市场。过去一段时间海思开始主动跟本土 EDA 公司迭代产品，本土 EDA 厂商受益最大的不是订单，而是产品的快速迭代和竞争力的提高，随着本土半导体工艺线的不断演进，以及像海思等高端设计公司的不断增加，本土 EDA 公司产品在高端用户群中的迭代机会会进一步增加。

三是加大研发力度。美国新思和锵腾每年的研发投入均在 10 亿美元左右，而我国 EDA 龙头企业华大九天十年累计研发资金投入不超过 10 亿元，研发强度的差距近百倍。这需要国家、地方政府、企业层面共同努力。

四是在点工具上要做到世界级，要生存并盈利。EDA 终究是半导体产业链的一环，其发展脱离不了市场驱动，我国 EDA 市场份额全球占比并不高，市场容量也不大，国际竞争对手环绕，挣钱并不容易，没有市场和利润的支撑，光靠政策面支持不能持久。本土 EDA 公司应当先在细分领域做到世界前三，再考虑实现面的竞争力。本土的几家领军 EDA 企业在各自的领域都具备世界竞争力，这也是形成全面竞争力的基础。

五是抓住新兴技术方向，在细分方向上与同行站到一条起跑线上。自 EDA 从 1993 年进入成熟期后创新节奏开始放缓。DTCO（Design Technology Co-optimization）的核心目标是帮助先进的 Foundry 以芯片设计目标协同优化实现更快的设计，优化 PPA 提高良率，我国的设计公司大多依赖 EDA 和工艺制程去获得产品竞争力，除个别高端设计公司外，完全不能受益相关方法带来的性能和良率提升，所以如果能在 EDA 层面实现真实有效的 DTCO 方法落地，在我国市场产生的价值将是巨大的,真实解决我国集成电路产业两头在外的问题。另外,引入人工智能技术是 EDA 行业自进入成熟期后的一次重大创新;考虑到现今我国人工智能技术创新创业遍地开花,这可能是我国本土 EDA 厂商能够努力保持与巨头技术同步的一个机会窗口。

19.2 制造:得制造者方能得天下

19.2.1 得制造者得天下

芯片制造强,则芯片工业恒强。

从国家芯片工业竞争力看,美国、日本、欧洲在 20 世纪 80、90 年代,芯片工业都无比强大且各有千秋,譬如日本的东芝、NEC,欧洲的飞利浦、英飞凌、意法半导体,都是一时之选,实力并不逊美国英特尔、摩托罗拉。然而 90 年代以来,日本和欧洲的芯片制造业快速衰落,其中日本 NEC 将当时最为先进的 8 英寸线工艺转移给上海,荷兰飞利浦把全球刚兴起尚未大放光彩的数字芯片加工技术授权给台积电,这两家基本放弃了对自身芯片加工能力的持续升级。20 多年后的今天,日本、欧洲的芯片设计(含 IDM)虽然仍是非常强大,但与持续投入先进制造的美国相比,国家芯片产业整体竞争力已不可同日而语,再也难以望"美"项背。

从后起之秀成功经验看,韩国、我国台湾地区和新加坡均是芯片工业后发制人的典范,其共同点就是都拥有强大的芯片制造能力。试想如果韩国没有三星的芯片制造、我国台湾地区没有台积电而只有联发科,那么这两个地区芯片的国际竞争力将会直落好几个层次。甚至可以认为在移动互联时代,韩国和我国台湾地区的设计行业之所以能够追上世界水平主要得益于自身的强大制造能力。而新加坡则是反面案例,自从新加坡特许半导体许身美国格罗方德,新加坡作为亚洲硅谷之一的美誉就开始趋向名存实亡了。

从我国芯片发展历程看,上海最早布局芯片制造,从 20 世纪 80

年代的上海贝岭、上海飞利浦（后来改名"上海先进半导体"），到 90 年代的华虹，再到 21 世纪初的中芯国际，芯片制造有体量、有层次、有特点，自然而然吸引了大批芯片设计、装备、材料、测试企业慕名而来，当然这与上海连续 20 年的集成电路产业政策是密切相关的。北京的芯片制造业起步略晚，但中芯国际北京工厂 12 英寸芯片生产线能力不弱，也聚集了一些设备与设计厂商，因此成为本土第二重镇。反观深圳，作为我国公认创新活力第一的城市，一直有不错的集成电路产业政策，但因为没有像样的芯片制造能力，整个产业发展也就不温不火，依托华为崛起的海思是个特例。在上海周边 30 千米范围内有华虹、中芯国际、先进、新进这些芯片制造企业，有日月光、安靠、华岭这些芯片封装测试企业，设计企业无论是试流片、正式流片还是封测，都非常便捷，因此芯片设计企业云集，这也是产业链自主选择的结果。

所以我国要成为集成电路强国，还需要不断补制造的课，不能有了一点制造能力，就盲目自大。事实上，华虹、中芯国际、长江存储，任何一家都还没到依靠自身滚动发展就能赶上国际龙头企业的地步。即使像上海这样已成为我国芯片工业重镇的城市，一样需要持续发展芯片制造，不可松懈，并且要有决心和恒心。

19.2.2　先进工艺

集成电路工艺有两个发展方向，一是追求先进工艺，沿着摩尔定律继续发展；二是聚焦特色工艺，满足多样化需求。

近年来，摩尔定律一直在刷新业界的认知。在 14/16 纳米时代，业界普遍预测 10 纳米将是摩尔定律的极限；到了 10 纳米时代，业界普遍预测 7 纳米将是摩尔定律的极限；现在 7 纳米已经量产，3 纳米乃至 1 纳米工艺已在研发中，摩尔定律仍然持续在给人以惊喜。

台积电、三星、英特尔凭借在各自领域的技术优势，已经在先进工艺上领先其他对手。曾经的全球代工第二强格罗方德和第三强台联电，则因为资金投入和市场等多方面的因素，已实质上退出了先进制程的争夺。

考虑到本土芯片设计企业带来的刚性需求，中芯国际和华虹并没有停止向先进工艺前进的步伐。中芯国际找来了业界高人梁孟松助阵，于 2019 年初，宣布实现 14 纳米量产；华虹则以本土团队为主，在 2020 年初突破了 14 纳米 FinFET 工艺。

芯片制造企业	2011	2012	2013	2014	2015	2016	2017	2018	2019	2020（E）
台积电	28 纳米			20 纳米	16 纳米		10 纳米	7 纳米		5 纳米
英特尔	22 纳米			14 纳米			10 纳米			7 纳米
三星		28 纳米		20 纳米	14 纳米		10 纳米		7 纳米	5 纳米
格罗方德			28 纳米	20 纳米	14 纳米		10 纳米		7 纳米	
台联电		28 纳米					14 纳米			
中芯国际						28 纳米			14 纳米	
华虹							28 纳米			14 纳米

主要芯片制造企业工艺演进示意图

一般认为 14 纳米与 7 纳米工艺有两代左右的差距，而台积电、三星的 7 纳米工艺成熟度远超中芯国际 14 纳米工艺成熟度，因此我国大陆的先进工艺水平距离全球顶尖水平至少还有 2 代的差距。考虑到格罗方德已宣布搁置 7 纳米 FinFET 项目，台联电宣布放弃向 12 纳米以下演进，中芯国际、华虹目前追赶的主要目标，仅剩下台积电、英特尔、三星这三个巨头。

19.2.3 特色工艺

特色工艺指的是无须按照摩尔定律追求工艺快速更新的专用工艺，一般用于模拟、射频、功率、MEMS 等细分领域。我们也经常把 3D 封装等工艺视为特色工艺，这是绕开摩尔定律的另一个路径。

特色工艺厂通常采用成熟阶段的半导体工艺技术。目前阶段,特色工艺的晶圆尺寸以 8 英寸为主,6 英寸为辅。近几年随着物联网、5G 和汽车电子等行业的快速发展,特色工艺产品需求旺盛,国内士兰微、粤芯、华虹等厂商纷纷开始开建 12 英寸特色工艺芯片产线。特色工艺的工艺技术根据不同产品的需求范围也比较广泛,从 28 纳米到 180 纳米均有涉及。

我国特色工艺面临两方面的挑战。

其一,缺乏 IDM 骨干企业。全球特色工艺 IDM 大厂很多,包括荷兰恩智浦、日本瑞萨电子、德国英飞凌、美国德州仪器、美国安森美等,这些均是各个国家和地区特色工艺领域的骨干企业。而我国在特色工艺领域,尚缺乏技术成熟、规模较大的 IDM 企业。究其原因,一方面,特色工艺一般对技术成熟度和产品可靠性要求极高,需要长期的技术沉淀、用户验证和口碑积累;另外一方面,IDM 企业为了维持产线,资本支出巨大,新进入者很难负担。强大的壁垒使得特色工艺领域均为历史悠久的 IDM 大厂,少见新贵。

其二,代工能力仍有很大提升余地。中芯国际在开发先进工艺之外,通过积极扩充天津、深圳、宁波、绍兴等地 8 英寸产能,跨入特色工艺的各个领域。华虹则在功率器件、模拟及电源管理及射频 SOI 等技术方向发力,并且不满足于已有 8 英寸产能,于 2017 年开工建设 12 英寸特色工艺集成电路生产线。具体看产品方向,我国特色工艺在模拟电路、高压器件、MEMS 等产品上与国际水平仍有一定差距。

提升第三方代工能力对我国特色工艺发展尤其重要。相对于欧美及日本经过数十年积累而成熟的特色工艺 IDM 企业,我国并没有几十年的时间可以用于追赶,唯有通过聚焦资源、快速提升代工水平,加强工厂与设计企业之间的合作,再培育一群数量可观的特色工艺纯设计企业,才是中短期内培育产业竞争力的可行途径。

19.3 设计：消费、工业、汽车艰难的三级跳

19.3.1 芯片设计的分类

从基本结构的角度，芯片可分为模拟电路芯片和数字电路芯片。模拟电路芯片和数字电路芯片在设计方法上的主要区别在于，数字电路芯片的流片结果和仿真结果基本可比，工程师的主要精力放在逻辑和时序设计方面；而模拟电路芯片的基本电路结构不以复杂度取胜，但需要经验丰富的芯片设计师手工调整电路结构甚至流片的工艺条件，才能达到设计的性能要求。

从功能的角度，芯片可分为通用芯片、定制芯片（ASIC芯片）和半定制芯片。一般能查到数据手册的芯片都是通用芯片，例如ARM处理器、闪存、ADC、放大器等；定制芯片一般面向特定应用环境，没有统一的数据手册，也不需要实现整个系统功能，往往只实现系统的一部分功能，比如DDR2的控制芯片等；半定制芯片指的是不用设计最基本的版图，可以基于单元设计，也可以基于逻辑阵列设计。

从应用环境的角度，芯片可分为消费电子芯片、工业专用芯片、汽车电子芯片、航空航天和军工芯片。每种芯片都有特定的分级代号，其中消费级代号为C，工业级代号为I，军品级代号为M，而车规级则是在工业级上的扩展，有的代号是E，有代号是S。对应的芯片技术难度（体现为高可靠性保障），普遍认可的顺序为：航空航天和军工>汽车>工业>消费电子。从芯片寿命标准看，消费级芯片对于芯片生命周期的要求是3年，工业级为5~10年，而车用芯片的寿命则需要达到15年。从对环境温度的耐受要求看，消费类级片工作区间一般为0~70℃，工业专用芯片则为-40~85℃，车用芯片则为-40~125℃。

考虑到本书更多的是面向芯片产业，因此我们选择按照应用环境

分类展开分析我国芯片设计产业的挑战。

19.3.2 消费电子芯片

下面以苹果手机芯片为例来剖析我国消费电子芯片的现状。

2018年3月8日,美国苹果公司发布了2018年供应商责任报告。苹果公司在30个国家和地区开展了供应商工厂评估,所涉及的供应商采购额占苹果公司总采购额的95%,共覆盖了756家工厂,分属200家供应商。

国家和地区	厂商数量/家	工厂数量/家
美国	46	213
中国台湾地区	45	144
日本	44	225
中国大陆地区	31	72
韩国	12	37
新加坡	5	18
德国	5	16
荷兰	4	14
奥地利	2	6
芬兰	1	2
比利时	1	3
爱尔兰	1	2
沙特	1	2
英国	1	1
瑞士	1	1
总计	200	756

苹果公司的供商分布

其中,我国大陆供应商占总数的15%。我国大陆向苹果公司供应的产品包括:声学器件(瑞声、歌尔)、玻璃(伯尔尼、蓝思)、电池（比亚迪、德赛、欣旺达）、印制电路板（超声、伊顿）、结构件（联丰、鸿特利、科森）、包装印刷（正美、裕同）、天线（信维通信）、相机模块（高伟）、功能器件和材料（安洁）等。

我国占苹果公司供应商份额高达35%~40%。但遗憾的是，供应的产品主要还属于集成电路的外围，核心芯片较为少见。2017年我国台湾地区向苹果公司供应的产品种类包括：代工（6家）、印制电路板（4家）、各类模块模组（6家）、电池（3家）、键盘（2家）、配件（5家）、芯片（1家，混合信号IC）……

苹果公司的全球芯片采购，并不存在太多商业外的考虑，这从其声学器件大量采购自我国瑞声和歌尔可见一斑。我们看到，除了声学器件外，我国大陆企业生产的其他芯片（包括繁多的传感器产品）并没有进入苹果公司的采购视野，可见我国在消费类电子的中高端，特别是高端领域尚需努力。

从苹果公司供应商目录也可以看到，消费电子芯片的国际巨头分布：

美国有庞大的消费电子芯片产业，包括AMD（SoC芯片）、ADI（电源管理芯片）、安森美（电源管理芯片）、博通（Wi-Fi）、英特尔（基频芯片组）、InvenSense（陀螺仪）、楼氏电子（电声器件）、闪迪（存储）、Qorvo（射频）、Cirrus（音效芯片）、高通（LTE芯片）、新思（触控）等。日本有NDK（光学滤波芯片）、索尼（CMOS传感器）、东芝（存储）等。欧洲消费电子芯片属于少而精悍，有英飞凌（基频芯片组）、博世和意法半导体（传感器）、AMS（光学传感器）、ARM（基础架构）等。这些基本上都是消费电子芯片所在领域的不二之选，也都是我国需要填补空白的高端领域。

19.3.3 工业专用芯片

工业专用芯片的应用场景较为广泛，包括工厂自动化与控制系统、电机驱动、照明、测试和测量、电力和能源等传统工业领域，以及医疗电子、工业运输、楼宇自动化、显示器及数字标牌、智慧城市等新兴工业领域。可以说，一个国家工业芯片的设计和制造水平是衡量其整体工业水平的真正试金石。

如前所述，工业专用芯片比消费电子芯片在可靠性、使用寿命、适用环境等方面都有更严格的要求，随着工业互联网的推广，工业专用芯片在集成度、功耗以及低延迟等方面也有更高的要求。

目前工业专用芯片供应商仍以境外企业为主，包括德州仪器、ADI、英飞凌、意法半导体、英特尔、微芯、博世、安森美、恩智浦、瑞萨电子、美光科技等，整体而言美国和欧洲平分秋色，日本也有个别企业，韩国、新加坡等难觅踪影。

工业专用芯片的另外一个特点是市场领域相对分散，远不如消费电子芯片集中，一个企业很难成为工业专用芯片所有细分领域的行业冠军。例如英特尔是 CPU 市场霸主，安森美擅长工业级图像传感器，TI 精于模拟和嵌入式芯片，ADI 是 ADC/DAC 的领导企业，英飞凌在功率器件上优势明显，意法半导体和博世则有丰富的 MEMS 传感器产品组合，美光科技提供工业级的 DRAM。

不同于风生水起的消费电子芯片产业，我国工业专用芯片近年来仍风平浪静。虽然已涌现出一批工业芯片企业，但大部分仍属于初创企业，规模尚小，产品主要集中在中低端市场，竞争力远弱于国际巨头。

工业专用芯片本质上属于市场驱动型的产品。对于我国，越是新出现的产业，特别是强势的新兴产业，越有可能实现弯道超车，培育出具有一定国际竞争力的本土芯片企业，其中的典型代表就是电力和功率半导体市场。我国拥有全球最高效的高铁系统、智能电网、兴建速度最快的地铁线、发展最迅猛的新能源汽车以及全球规模最大的变频家电和变频空调，如此则催生了本土众多的 IPM、MOSFET、IGBT 功率器件企业。此外，我国庞大的制造产能亟须提高自动化水平，也有利于培育本土工业传感器企业。

总体来看，我国本土工业芯片厂商的产品还主要以功率器件、工控类 MCU、传感器为主，而在其他大类的工业芯片方面，比如高性能的模拟产品、ADC、CPU、FPGA、工业存储等，与国际大厂还有较大差距，至于高性能信号链等基础芯片更是空白。

19.3.4 汽车电子芯片

汽车电子芯片是全球最大的两大产业的结合产物（一个是电子信息产业，另一个是汽车产业），两者的交集是汽车电子，汽车电子的核心是汽车电子芯片。

芯片几乎存在于汽车的所有部位：发动机和变速箱控制系统、安全气囊、驾驶辅助系统、电动助力转向、防抱死制动系统（ABS）、电子稳定性系统（ESP）、行人保护、胎压控制、电动车窗、灯光控制、空调系统、座椅调节系统等。汽车电子芯片按功能可分为三大类：控制器芯片（以微处理器为主）、功率器件和传感器。2018年数据显示，在传统燃油汽车中，微处理器价值占比约为23%，位居首位，其次为功率半导体，占比为21%，排名第三的是传感器，占比为13%。在新能源汽车中，功率器件比重最大，达到了55%；其次为微处理器，占比为11%；第三是传感器，占比为7%。

芯片在汽车中的比重呈快速上升趋势。主要有以下三个推动因素：

一是汽车的高端化。汽车内安全性和舒适性配置升级，譬如电子控制单元（ECU）、ABS、胎压传感、电子驻车、电动座椅、电动车窗、自动大灯、中控娱乐系统升级，甚至语音助手等都是高端化的方向，其中相当一部分是原来的高端车型配置向普通车型普及，这些对芯片都有刚性的需求。其中胎压监测是一个典型例子，我国《乘用车轮胎气压检测系统的性能要求和实验方法》明确规定，自2020年1月1日起所有在产乘用车需强制安装胎压监测系统（TPMS）。

二是汽车的电动化对功率器件的需求大幅提高。从紧凑型车型、中高档车型、混合动力车型、纯电动车型汽车，汽车电子成本占比快速提升，分别为15%、28%、47%、65%。可见电动化对汽车电子芯片需求程度之高。

三是汽车的智能驾驶化。汽车从功能单一的交通工具，进化为大型智能载体，从汽车电子确保驾驶安全进化到辅助驾驶乃至无人驾驶，辅助驾驶，需要大量的传感器、CIS、激光雷达、线控技术、CPU等。在即将到来的智能化汽车时代，需要的不再是以MCU为核心的ECU，而是GPU + CPU + MCU形成SoC的智能辅助驾驶芯片模块。

当前汽车电子芯片产业处于一个高度垄断的状态，相关企业均为集成电路产业的世界级巨头，包括荷兰恩智浦、德国英飞凌、美国英伟达、美国英特尔、德国博世、日本瑞萨电子等。

笔者预测我国本土汽车芯片巨头诞生还需10～15年，我国在汽车电子芯片领域才刚刚起步，与行业主流水平差距甚远。无论是哪个产业，当一个国家产能占据全球$\frac{1}{3}$以上份额时，一定能培育出该产业对应核心零部件的本土龙头企业。我国汽车产量在2017年前后已达到全球产能的$\frac{1}{3}$以上，但汽车电子芯片仍无一席之地，更别提龙头企业了。笔者认为这并未违背行业规律，以消费电子芯片为例，早在2003年手机产量即达到全球的35%，但当时并没有具有竞争力的手机芯片企业，2001—2010年期间手机芯片创业企业才如雨后春笋般兴起，直到2018年才出现了世界级的芯片企业——海思。鉴于汽车电子芯片比消费电子芯片门槛更高，我国如能在10～15年内出现本土的世界级汽车芯片企业，亦可谓发展顺利。

汽车电子芯片从准入门槛高低看，可分为车载娱乐系统芯片、车身安全和控制芯片、汽车动力芯片。车载娱乐系统与家用、智能终端用系统并无颠覆性的技术差异，但由于需要与汽车这一高可靠性载体结合，我国车载娱乐芯片仍以后装市场为主，具有前装供应能力厂商较少。车身安全芯片是一个非常大的市场，我国在部分领域已有切入，例如自2020年1月1日起我国强制要求前装胎压检测系统，这对我国本土的胎压检测芯片创业企业是非常好的发展机遇。再譬如自动驾驶技术我国基本与国际企业同步推进，在相关芯片研制和测试应用方面有齐头并进发展的可能。

19.4 封测：从量变到质变的关键

19.4.1 全球封装测试的重要力量

从规模上看，我国大陆封装测试产能已经占据全球份额的21%，位居第二，仅次于我国台湾地区的52%。封装测试是我国集成电路产业链中占全球份额最高的环节。考虑到2011年我国大陆封装测试产能仅占全球4.5%，在不到十年的时间内占比增长4倍，发展势头可谓是非常迅猛。

从技术上看，境内龙头企业加快布局SiP封装、AiP封装、Fan-out工艺等，先进封装工艺技术水平快速提升，拉近了与国际主流厂商的差距。

从发展方式看，封装测试行业在学习境外巨头通过并购取得新技术、新产品、新市场、新产能方面堪称典范。经典项目包括长电科技并购新加坡星科金朋、通富微电并购美国AMD公司的苏州工厂、华天科技并购马来西亚宇芯。通过并购和自身发展，长电科技、通富微电、华天科技成长为全球第三、第六、第七大封装测试厂商。

19.4.2 一只脚跨入第一梯队的门槛

我国已当之无愧地成为全球封装测试产业第二梯队主力，之所以仍未进入第一梯队，主要是有如下原因：

一是境内龙头企业长电科技与我国台湾地区日月光集团在规模方面仍有较大差距，短期内仍难比肩。

二是在先进封装测试工艺上，我国封测企业仍有待完善的空间，封装技术水平与外资企业差距明显。我国大陆的封装企业大多以第一、第二阶段的封装技术为主，例如DIP、SOP等，产品定位中低端。Fan-Out、QFN、BGA、WLP、SiP、TSV、3D等先进封装工艺，我国大陆企业尚刚刚启用或正在开发引入，要完全达到第一梯队我国台湾地区日月光集团、美国安靠集团的产业化水平仍需时间。

三是在汽车电子封装这一高端应用领域，全球前三名为我国台湾日月光集团、美国安靠集团、新加坡联合科技集团，仍难觅我国大陆企业踪影。

四是海思的绝大部分封装测试业务均由我国台湾地区相关企业完成，境内相关企业近水楼台未得月，亦是很好的鞭策。

但毋庸置疑，我国封装测试厂商已在全球竞争中占据了重要的一席，新技术亦在布局之中，可谓一只脚已经踏入了第一梯队门槛。

19.4.3 内涵外延并重是成功之道

内涵发展首要是抓住新兴需求，才能与国际巨头同步，实现技术水平快速切入到第一梯队层次的目标。物联网、云计算、人工智能、数据中心、5G等均为近年来新兴市场，对封装测试的需求呈现爆发式增长。行业机构预测相关的2.5D/3D TSV、Fan-Out、ED等先进封装技术的市场规模年增长将达到26%、26%、49%，远高于5%~6%的行业平均水平。

内涵发展要注重抓住身边的战略客户。前述本土芯片设计企业的崛起，必将带来对封装测试的巨大需求。可以发挥本土服务优势，近距离快速响应需求，避免墙内开花墙外香的局面。

外延发展建议继续从境外引入技术、专利授权乃至整体业务。随着集成电路应用的多元化，先进封装需向着系统集成、高速、高频、三维方向发展。当前高密度TSV技术/Fan-Out扇出技术由于其灵活、高密度、适于系统集成而成为先进封装的核心技术。与从零开始开发新技术相比，并购获取相关技术在时效性和成熟度方面更具优势。汽车芯片封装等领域的进入门槛高、验证周期长，通过并购取得全球汽车芯片封装市场的骨干企业甚至龙头企业，不失为我国弯道超车、快速进入汽车芯片封装这一高端应用业务领域的佳选。

19.5 装备:制约"制造+材料+封测"

19.5.1 芯片制造设备局部突破

芯片制造设备亦称为集成电路制造前道设备。

在芯片制造中,总共有 7 类生产工序,分别是扩散、光刻、刻蚀、离子注入、薄膜生长、抛光、金属化,用到设备包括氧化炉、光刻机、刻蚀机、离子注入机、薄膜沉积设备、化学机械抛光机、清洗机等。

芯片制造设备是一个巨大的市场,每年为 500~600 亿美元规模。全球半导体设备十强被美国、日本、荷兰三国一网打尽,其中前五大厂商美国应用材料、荷兰阿斯麦、美国泛林科技、日本东京电子和美国科天的市场占有率超过 90%。

纵观全球半导体设备巨头,每一家都有一个其他对手无法取代的优势产品。例如,荷兰阿斯麦垄断了高端领域的光刻机,在日本尼康和佳能宣布放弃投入研发新一代光刻机时,阿斯麦事实上已经成为全球高端光刻机的唯一供应商;美国应用材料在薄膜沉积设备方面具有领导地位;泛林半导体则是刻蚀机设备的龙头企业。

我国芯片制造设备产业链相对完备,不同环节均有企业进行技术开发和产品研制,包括氧化炉(北方华创等)、光刻机(上海微电子)、刻蚀(中微半导体、北方华创)、离子注入机(凯世通)、薄膜沉积设备(上海理想万里晖、中微半导体、沈阳拓荆)、化学机械抛光机(天津华海清科等)、清洗机(盛美半导体、至纯科技)、光学检测仪(上海睿励、上海精测)等。

半导体设备是一个需要长期积累的行业。我国半导体设备虽然布局广泛,但毕竟发展时间有限,目前绝大部分企业在各自领域已研发出了可用产品,但距离在 12 英寸先进生产线上替代境外同行还有不小距离。

国产半导体制造设备企业,大部分只解决了有无问题,少部分解决了可用问题,极少部分做到了进口替代水平。考虑到我国的资源和能力有限,按照行业特点进行单点突破的策略比全面推进更为有效,建议先集中力量把单个种类设备做到全球替代,再逐一突破,连点成面,最终实现产业的整体跃进。在刻蚀、清洗、沉积三个方向上,本土企业技术储备最为充分,且单体产业规模上也是仅次于光刻机,累加近 150 亿美元,可以作为半导体设备产业的集中突破点。

19.5.2 封装测试设备任重道远

封装测试设备亦称集成电路制造后道设备。

不少行业研究人员认为芯片的封装测试比制造环节容易得多,我国大陆封装测试企业在全球前十中占据三席,封装测试设备国产化率应该做得比较好。

但事实远非如此,我国大陆的集成电路封测环节发展成熟度好于晶圆制造环节,但封装与测试设备国产化率却明显低于晶圆制造设备的国产化率。以测试设备为例,据中国国际招标网 2019 年数据统计显示,长江存储采购的探针台和测试机的国产化率均为零,而长电科技采购的测试设备、分选机中,也很少见到国产品牌。

全球封装设备呈寡头垄断格局,包括 ASM 太平洋、K&S、Besi、Disco 等封装设备厂商。其中,K&S 在线焊设备方面全球领先,在球焊机市场占有率超过 60%,Besi、ASM 太平洋则垄断了装片机市场,Disco 则占据全球近七成划片机和减薄机市场。

半导体测试设备市场被美国泰瑞达、日本爱德万两家企业高度垄断,各占 40%~50% 市场份额,此外美国科休半导体占 5%~10% 市场份额。在我国市场上,泰瑞达、爱德万的测试设备仍是主流,国内仍缺乏知名的封装设备制造厂商,也缺乏中高端测试设备供应商。尽管长川科技、华峰测控、精测电子、冠中集创、金海通等企业表示已实现部分测试设备及分选机的国产化突破,但国产品牌主要聚焦在电源管理芯片等较为成熟的领域,应用范围略窄。

究其原因，主要还是此前政策过于强调关键环节、关键工艺、尖端设备，导致封装、测试环节的必需设备未得到充分重视，现在呈现倒挂的现象，越是先进封装用设备，例如封装用光刻机、倒装、刻蚀、PVD、清洗、显影、匀胶等设备大部分已能满足国内需求，其中封装用光刻机、刻蚀机、植球机等国产化率超过50%，而传统封装设备国产化率整体上却不超过10%。期待今后封装设备和测试设备能更广泛地得到产业政策的培育机会和来自封装测试客户的验证机会。

19.5.3　硅片加工设备依赖进口

硅片生长及加工环节，包括长晶、切磨抛、清洗、检测等工艺，对应设备包括长晶炉、切片机、研磨设备、抛光机、清洗机、检测设备等。

硅片生长及加工设备供应商主要集中在日本、韩国、德国、美国，且每一类设备均被数家设备厂商垄断。硅片生长设备厂商主要有德国PVA、日本Ferrotec、韩国S-Tech、美国Kayex等，切割设备主要有瑞士梅耶博格、日本Komatsu NTC等，研磨设备厂商包括东精工程、光洋机械、东京精机等日本厂商，抛光设备主要是日本东京精机、德国Lapmaster、日本冈本机械等，清洗设备厂商包括韩国ASE、日本Semicon Created，检测设备主要是美国科天、匈牙利Semilab、日本KOBELCO研究所和Raytex。

从2019年上海新昇和中环领先两条生产线的设备采购来看。①长晶炉国产化趋势明显。晶盛机电进入中环领先的生产线，占有率超过70%，南京晶能则进入了上海新昇生产线。②抛光设备国产化率基本为零。硅片抛光设备包括边缘抛光、双面抛光、最终抛光，上海新昇、中环领先两大硅片产线均无国产抛光设备。③研磨和减薄设备国产化率接近零，几乎被日本品牌垄断，晶盛机电近年偶有出货。④切割和截断设备主要来自进口品牌，但晶盛机电从中环领先生产线处取得了突破。⑤硅片检测设备包括边缘检测机、表面粗糙度量测仪、平坦度检测机、翘曲度检测机、金属量测仪等,暂无国产突破。

19.5.4 关键配套系统国际先进

高纯工艺系统能直接影响工艺设备的运行以及投产后的成品率,它主要由专用设备、侦测传感系统、自控及软件系统、管阀件等组成;系统的前端连接高纯介质储存装置,终端连接客户自购的工艺生产设备,目的是将高纯介质在不受到二次污染的情况下安全输送到工艺设备中,防止杂质渗入对产品制造产生连锁影响。

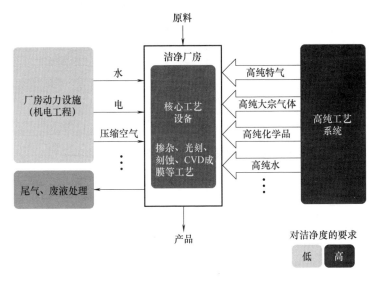

高纯工艺系统示意图

我国在高纯工艺系统领域已达到国际先进水平。境外的企业包括法国液空、日本东横、我国台湾地区帆宣、日本日酸、韩国 STI、韩国汉阳等。我国本土代表企业为至纯科技,其自行研制了高纯工艺系统的核心器件,参与编制了相关国家标准和行业规范,签下了华力微电子、中芯国际、华润上华、士兰微、台积电、力晶等知名客户,在我国确立了高纯工艺系统行业的领导地位。

19.6 材料:从全部依赖进口中突围

半导体材料是集成电路产业的粮食,是集成电路芯片产品的物质载体,具有重要的战略意义。狭义的半导体材料,一般指的是大硅片,这是芯片所依托的载体材料。我们通常所指的半导体材料,还包括芯片制造和封装测试中使用到的各种耗材,它们同样不可或缺。在芯片制造中,不同生产区域用到的材料不尽相同,主要包括硅片、掩模版、光刻胶、光刻胶配套化学品、电子气体、抛光材料、湿法化学品与溅射靶材等。芯片封装测试材料也是半导体材料的重要组成部分,其产业规模约占芯片制造材料的60%。

制造环节	工 艺	所需材料
扩散	氧化	硅片、特种气体
	快速热处理	特种气体
	激光退火	特种气体
光刻	涂胶	光刻胶
	测量	
	光刻	光掩模、特种气体
	显影	显影液
刻蚀	干刻,湿刻	刻蚀液、特种气体
	去胶	特种气体
	清洗	清洗液
离子注入	离子注入	特种气体
	去胶	特种气体
	清洗	清洗液
薄膜生长	化学气相沉积	特种气体
	物理气相沉积	靶材
	快速热处理	特种气体
	原子层沉积	特种气体
	清洗	清洗液、特种气体

(续)

制造环节	工艺	所需材料
抛光	化学机械抛光	抛光垫、抛光液
	刷片	
	清洗	清洗液、特种气体
	测量	
金属化	物理气相沉积	靶材
	化学气相沉积	特种气体
	电镀	电镀液
	清洗	清洗液

制造环节的半导体材料分布

半导体材料的主要市场在亚洲，与芯片制造和封装测试的产业规模呈现明显的正相关性。我国台湾地区拥有全球第一的代工企业和全球第一的封装测试企业，也已经连续十年成为全球半导体材料的最大市场。韩国拥有全球最大的存储芯片工业，是全球第二大半导体材料市场。我国大陆地区则位列第三，但增长势头明显。

19.6.1 大硅片曙光初现

硅片是市场规模最大也是最重要的半导体原材料，在芯片制造所有材料中的成本比例为30%～35%。集成电路用硅片的制造位于产业链的金字塔顶端，技术、资金、人才等各方面的门槛高，如果没有相当的生产规模、优异的抛光片质量、高性价比的价格和服务，硅材料企业很难在市场立足。

从硅片尺寸看。硅片尺寸一般指的是硅片的直径，它与芯片制造工艺同步演变，经历了2英寸（50毫米）、3英寸（75毫米）、4英寸（100毫米）、6英寸（150毫米）、8英寸（200毫米）、12英寸（300毫米）。2015年以来，英特尔、三星、台积电等制造巨头开始尝试进入18英寸（450毫米）领域。目前8英寸和12英寸硅片已成为主流产品，占据90%以上的半导体硅片市场份额，而6英寸、4英寸硅片仍是化合物半导体的主流配置。

从硅片制成状态看。硅片一般可分为抛光片、外延片、SOI 硅片等产品。抛光片是最基础、用量最大、应用最广的产品，也是其他硅片产品的衬底材料，即其他硅片都是在抛光片的基础上二次加工而成的。抛光片可直接用于制作半导体器件，广泛应用于存储芯片、逻辑芯片等领域。外延片是指外延生长形成的具有单晶薄膜的衬底晶片，广泛应用于低功耗数字芯片、模拟芯片、移动计算通信芯片、二极管、IGBT 功率器件等领域。SOI 硅片是指绝缘体上硅片，应用在要求耐高压、耐恶劣环境、低功耗、集成度高的芯片上，如射频前端芯片、功率器件、传感器、星载芯片等。

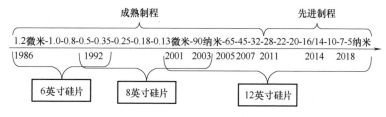

硅片尺寸与工艺对应示意

从全球硅片需求来看，轻掺的比例约为 80%，属于技术含量高的产品，也是目前全球五大硅片供应商的主流产品。在 12 英寸产品上，以轻掺杂的抛光片为主流，约占 80%；在此基础上的薄层外延片约占 20%，重掺需求很少。

19.6.1.1 大硅片技术引进难度高

全球硅片市场由日本信越化学、日本三菱住友、德国世创电子、韩国硅德荣、我国台湾地区环球晶等五家企业垄断，市场集中度超过 95%。**全球五大集成电路用硅片企业出于技术工艺保密的考虑，迄今为止都未在我国大陆设厂。**

从市场占有率看，日本企业占据全球硅片供应约 60% 的市场份额。日本信越化学是高科技材料的综合供应商，已能够供应 7 纳米、5 纳米、3 纳米级硅片产品。日本三菱住友是台胜科控股股东，集团决定今后硅片产能扩充主要布局在我国台湾地区；台胜科是台积电硅片的主要供应商，其第二座硅片工厂已竣工投产。

我国台湾地区环球晶圆和德国世创，由于在太阳能方面的投资失利，短期内无力大幅度扩张集成电路用硅片，已大量关闭工厂。我国台湾地区合晶等企业，在 8 英寸重掺硅片及外延片市场占据重要地位，但其在轻掺硅片方面并没有明显的建树。

韩国硅德荣则由于韩国三星和海力士的大力支持而后来居上，完全有可能超过德国世创和我国台湾地区环球晶圆。但由于韩国文化和民族传统等因素，韩国硅德荣的硅片产品主要支持韩国芯片制造企业，对韩国外的企业销售较为有限。

19.6.1.2 我国大硅片已布局启航

在我国大陆地区，硅片的生产多集中在 8 英寸以下，以 4 英寸、5 英寸、6 英寸为主，含少量 8 英寸硅片，极少量 12 英寸硅片。产品以重掺为主，而需求量约 80% 的轻掺 8 英寸、12 英寸硅片几乎不能供应。2018 年，我国大陆地区 12 英寸硅片的年需求量超过了 600 万片，而本土供应能力为零。

我国 12 英寸硅片需求量巨大。截至 2019 年年底，我国本土 12 英寸硅片的月需求量为 150 万片，包括在华外资芯片制造企业需求和存储芯片制造企业需求。随着晶合集成、台积电南京等的陆续投产，以及紫光南京、长鑫合肥、晋华集成等三大存储芯片工厂的建成，我国本土 12 英寸硅片需求在 2020 年底—2021 年初预计将达到 293 万片/每月。

目前，我国开始生产 12 英寸大硅片的企业包括上海硅产业集团、超硅半导体等企业。上海硅产业集团于 2017 年第二季度即开始了小批量试产，实现了挡片、陪片、测试片等产品的销售，目前已实现正片的批量供应能力；其旗下荷兰 Okmetic 成立于 1985 年，是世界第七大硅片生产商，在传感器用硅片、模拟芯片用硅片两个领域技术领先。超硅半导体则于 2018 年 7 月开始向客户提供 12 英寸样品，初步得到了论证。

19.6.1.3 我国大硅片挑战与方向

目前我国芯片制造企业,均有稳定的境外硅片供应商。本土硅片企业要进入,必须经过长时间的认证,且认证费用高,过程不确定较大。本土企业如果没有扎实的技术积累,想要实现产品从实验室走向规模化生产的突破,或通过购买生产线设备实现产能和品质的大规模复制是完全不可能的,此前20余年的探索已经充分证明了这一点。

从技术差距和发展可行性看,我国本土企业在未来5~10年的主要竞争对手应该定位为我国台湾地区环球晶圆、德国世创以及韩国硅德荣。日本信越和三菱住友,想要在短期内迎头赶上非常困难。当前本土硅片产业面临的挑战包括:

1. 核心人才匮乏

由于全球五大硅片厂商从未在我国设厂,境内专业人才缺乏。

2. 忽视加工工艺

近年来我国硅片项目风起云涌,以为采用"买买买"的模式,购买设备加上设备供应商提供的基本工艺,就能够生长出合格的硅片。但硅片在发展过程中,核心工艺工序设备供应商与硅片制造商,需要多年的经验互动,才有可能形成成熟稳定的硅片工艺。目前五大硅片企业,各家均有比较突出的核心加工工艺,并根据其加工工艺形成对设备的独特变动。最典型的例子是,日本企业与德国企业在加工理念上并不一致,从而形成了不同的硅片工艺技术路线,并导致核心工艺设备的选择非常不一样。

3. 晶体生长技术

晶体生长是整个硅片制造的核心环节。全球硅片大厂均牢牢掌控自身的晶体生长技术,且实行严格的保密原则。顶尖硅片企业的晶体生长设备均是指定设备厂商定制供应,公开市场上可以直接买到的晶体生长设备,均不是顶尖硅片企业真正使用的设备。

4. 极致的质量管控要求

过程控制是产品质量管控的关键,对量产情况下产品缺陷的追查,代价巨大。例如,全球汽车电子芯片排名第一和第二的恩智浦和英飞凌,直接提出零缺陷的要求而不是目标。硅片企业作为芯片制造企业的主材料供应商,对质量管控有苛刻的要求。我国的硅材料生产企业应该更重视各个环节关键技术的研发,如晶体生长中的缺陷控制技术、超平硅片的抛光技术、超洁净的清洗技术和包装技术等。以包装为例,客户要求硅片表面质能长期稳定,不是简单地追求大直径,必须实实在在地解决一系列关键问题,提升综合竞争能力,在提高硅片质量的同时,还需要加强与客户协作,共同解决硅片应用中的工艺技术问题。

跨境合作是突破的机会所在。跨国企业非常看重企业的可持续发展能力,一般达不到自身的盈利标准,则会通过关闭业务、整体出售等方式果断切割。考虑到目前全球前五大硅片企业中,个别企业经营不太理想,但确实掌握了成熟的12英寸硅片工艺,我国企业可借助外界力量,实现跨越式发展,把握住这迎头赶上的重要机会。

19.6.2 光掩膜刚刚起步

光掩膜(MASK)一般也称掩膜版、光罩,是集成电路制造中光刻工艺所使用的图形母版,由不透明的遮光薄膜在透明基板上形成掩膜图形,并通过曝光将图形转印到产品基板上,主要由基板和不透光材料组成。

光掩膜的质量直接影响到光刻工艺的效果。在芯片制造过程中需要经过十几乃至几十次的光刻,每次光刻都需要一块光刻光掩膜,每块光刻光掩膜的质量都会影响光刻的质量。

光掩膜大部分产能掌握在芯片制造大厂手中。英特尔、三星、台积电等全球最先进的芯片制造企业的大部分光掩膜是由下属企业提供,只有少部分从外部采购。对于非先进工艺,光掩膜外包具有较高性价比,这也是第三方独立光掩膜企业的主要市场。目前全球第三方独立光掩膜市场寡头垄断明显,美国丰创集团、日本印刷株式会社、日本凸版印刷株式会社三家龙头企业占据全球80%以上份额。此外,台积电、三星等芯片制造巨头也有部分内置的光掩膜产能。

我国本土企业的光掩膜产能分为以下三类：

一是中芯国际的内置光掩膜产能，占其芯片加工能力的10%左右，尚未涉及先进工艺，这意味着其对第三方光掩膜仍有大量的需求。

二是独立的第三方光掩膜生产企业，包括无锡迪斯微电子、无锡中微、清溢光电等，正在从中低端起步。

三是科研院所，包括中科院微电子所、中国电子科技集团下属的若干研究所。

19.6.3　光刻胶仍是短板

光刻胶是微电子领域微细图形加工的核心上游材料，占据了电子材料制高点。光刻胶按照应用领域的不同，可以分为印制电路板（PCB）用光刻胶、液晶显示（LCD）用光刻胶、半导体用光刻胶和其他用途光刻胶。PCB光刻胶技术壁垒相对较低，而半导体光刻胶代表着光刻胶技术最先进水平，其质量和性能对集成电路芯片制造的性能、成品率及可靠性有至关重要的影响。

在大规模集成电路的制造过程中，光刻和刻蚀技术是精细线路图形加工中最重要的工艺，决定着芯片的最小特征尺寸，占据芯片制造时间的40%~50%。自1959年被发明以来，光刻胶就支撑着"摩尔定律"一路前行，有多高分辨率的光刻胶就能造出多精细的器件，光刻胶每两年分辨率就能提高30%。

自2003年起，集成电路产业进入了ArF光刻时代，这是目前国际上最主流的光刻技术，目前看还会长期延伸下去。而KrF光刻胶作为ArF的重要补充部分，在集成电路制造过程中仍然占据着重要的地位。0.35~0.11微米技术节点的关键层与金属互连层等均需要应用到KrF光刻胶。14纳米甚至7纳米FinFet先进工艺芯片制造中有近一半的光刻层数需要用到KrF光刻胶。尤其近年来3D闪存及部分特殊工艺的出现，给KrF厚膜光刻胶的应用提供了规模较大的崭新平台。

全球光刻胶五强日本住友、信越化学、日本JSR、日本东京应化和美国陶氏化学占据全球近90%的市场份额。我国本土企业目前市场份额较低，6英寸产线的光刻胶自给率超过20%，8英寸产线的光刻胶的自给率约5%，而12英寸产线的光刻胶基本依赖进口。

我国光刻胶行业发展和起步时间较晚，应用结构相对单一，近几年主要集中于PCB光刻胶、液晶显示用光刻胶等中低端领域。目前我国半导体光刻胶研制和生产企业有苏州瑞红、北京科华、南大光电、容大感光、上海新阳等。

我国光刻胶产业需要克服行业特有的两大壁垒，即技术壁垒与客户壁垒。正是这种双高（壁垒）的性质，使行业集中度不断提高，领跑者可以保持垄断优势，而新进入企业则需要额外付出大量的资金、技术和人才投入。一方面，领跑企业的光刻胶生产工艺在阻抗等性能方面显著领先；另一方面，光刻胶行业下游客户认证周期长达数年，客户定制化程度高。

19.6.4　电子特种气体国产替代先行

电子特种气体（简称"电子特气"）是指用于半导体及其他电子产品生产的气体。与传统的工业气体相比，电子特气在纯净度方面要求极高，所以也称为电子特种气体，主要包括氮气、氢气等大宗气体及沉积、掺杂、刻蚀等工艺气体。按照在集成电路中的作用可分为掺杂气体、外延气体、离子注入气体、发光二极管用气体、刻蚀气体、化学气相沉积（CVD）用气体、载运稀释气体七类。

电子特气在多个集成电路制造环节具有重要作用，尤其在半导体薄膜沉积环节，是形成薄膜的主要原材料之一。虽然电子特气在集成电路制造全过程的成本占比仅在5%左右，但是由于其品种繁多、覆盖广泛、对产品质量影响直接，已成为衡量集成电路自主程度的重要标志。电子特气纯度的提高，能够有效提高芯片生产的良率和性能。当然，随着集成电路线宽从最初的毫米级，到微米级、纳米级，用于芯片生产的电子特气对纯度也提出了更高要求。

美国普莱克斯集团、法国液化空气集团、美国空气化工集团、日本大阳日酸株式会社等境外气体巨头占据电子特气市场超过80%的份额，我国本土气体公司已占到12%以上，成为继封测之后，我国集成电路产业另一个正在实现快速替代的细分领域。

我国的特种气体行业已经过30多年的发展和沉淀，电子特气骨干企业包括华特气体、南大光电、杭氧股份等生产的数十种产品已实现了进口替代。以龙头企业华特气体为例，其是首家研制并量产高纯六氟乙烷、高纯三氟甲烷、高纯八氟丙烷、高纯二氧化碳、高纯一氧化碳、高纯一氧化氮，以及光刻机用 Ar/F/Ne、Kr/Ne、Ar/Ne、Kr/F/Ne 等混合气体的本土公司，率先实现了近20个产品的进口替代，是我国特种气体国产化的先行者。2017年更是通过全球最大的光刻机供应商阿斯麦的产品认证。

在电子特气领域，我国最大的挑战是快速地做大骨干企业规模。国际同行的龙头企业拥有无与伦比的规模优势，譬如法国液化空气集团，拥有千亿美元市值、年销售收入约250亿欧元、年净利润约25亿美元。

第 20 章　半导体强国的镜鉴

2017 年 1 月美国总统科技顾问委员会发表《确保美国半导体的长期领导地位》（Ensuring Long-Term US Leadership in Semiconductors），里面有一句关于集成电路产业的经典判断："从历史上看，全球半导体市场从来就不是一个完全的竞争市场"。

既然集成电路产业不是完全的竞争市场，政府在其中必然扮演了非常重要的角色。那么，历史上的集成电路大国变迁，又留给我们哪些启发呢？

20.1　日本：坚持-变通-不退让

日本作为昔日的半导体王者，它既不是半导体技术的原创大国，也不是任何一个芯片细分领域的开拓者，却能够在 20 世纪 50 年代到 80 年代末，发展出让全球霸主美国为之恐惧的庞大半导体产业，其可供大家学习借鉴的地方甚多。

20.1.1　得

笔者认为，日本半导体产业政策的最大亮点是其强力的研发补助、开放的技术政策、系统级的技术部署。

1. 强力的研发补助

日本政府对半导体研发的政府补助，1970 年前不足 2%，此后快速攀升至 1973 年的 13%、1976 年的 26%。

2. 开放的技术政策

日本在给予企业高强度研发补助的同时，强调半导体技术的国内分享。例如，1962年日本NEC从美国仙童半导体引入至关重要的平面集成电路制造技术后，结合反向工程，成功实现了集成电路量产。在日本政府的要求下，NEC将相关技术授权给了其他日本企业，日本整体的集成电路芯片制造能力得到了大幅提升。

3. 系统级的技术部署

日本政府在制定追赶美国半导体技术方案时，从未局限在简单的芯片产品本身。回顾一下日本政府在1976年设立的"VLSI技术研究所"，一共6个研究室，主攻方向充分体现了日本半导体政策的系统性和全局观，第一、二、三研究室负责装备，第四研究室负责材料，第五研究室负责光刻工艺，第六研究室负责封装测试，全面覆盖了半导体产业的上下游和关键环节。

当一个后发国家，同时掌握了完整的"装备+材料+光刻工艺+封装测试工艺"时，就不会出现今天中国所面临的一些尴尬局面：①因为进口不到最先进光刻机而使得技术的上限受制于人；②因为对进口硅片的高度依赖而使得芯片制造成本达不到最优；③因为缺乏对设备的深刻理解而导致产品良率爬升缓慢。日本是美国之外唯一一家全面掌握半导体核心技术的国家，这大概是其当年能迅速超越美国的主要原因。

20.1.2 失之一：未能拥抱行业发展趋势

业界普遍认为，以台积电为代表的芯片代工模式的出现，解放了纯设计公司的创造力和生产力，极大地促进了集成电路设计产业的发展。日本半导体企业错过"Foundry/Fabless"的半导体产业新趋势，导致其快速被美国、韩国、中国台湾地区的新兴半导体巨头甩在后面。

笔者认为，相对于美国英特尔这样的集成电路**IDM**企业，日本企业并非严格意义上的IDM企业，它们比IDM走得更远、上下游捆绑得更紧密。我们不妨把日本半导体企业这一模式称之为**IDMP**，这里P指产品（Product）。直到20世纪90年代日本半导体走入困境不得不进行分拆整合之前，日本的半导体业务几乎都是大集团下的子部门，其半导体技术和芯片产品的需求，完全来自于集团自身终端产品的需要。这迥异于美国英特尔这种 IDM 企业全力满足市场上最广泛的技术和产品需求。前者客户是自己的母公司集团，需求稳定，但很容易因为母公司集团的波动而发生不可抗的波动性；后者客户是整个市场，空间巨大且会提出广泛的技术挑战，有利于产品综合性能的提升。在半导体发展早期，日本凭借其 IDMP 模式取得了一定的领先优势，尤其是日本企业在小家电等终端市场的辉煌成就，间接带动了日本半导体产业的腾飞，培育出了索尼、NEC、东芝、日立、富士通这些世界级的电子综合集团。

日本的 IDMP 颇像 20 世纪 60、70 年代的 IBM，从芯片到计算机终端都自己做，在技术门槛和资本门槛均极高的大型机时代保持了优势。IBM 在进入看重成本和快速迭代的 PC 时代后，不得不接受英特尔提供 CPU 和指令集的局面，这是专业化分工的必然。欧洲半导体企业在早期，也是由大型终端企业内部孵化出来的。

IDMP 缺点也很明显。首先，大集团的半导体部门销售方向和研发方向固定，缺乏竞争环境，技术创新动力弱。其次，半导体部门很容易受到集团终端部门的影响，终端销售好，半导体部门业绩就好，反之亦然。日本曾经占据了半导体产业下游应用的大部分"风口"，包括电视、PC、收音机、家电等；当"风口"转移到手机、平板等移动智能终端时，日本终端制造快速萎缩，全球前六大手机厂商缺乏日本企业，间接导致了日本半导体产业的萎缩。在大型集团里养尊处优的半导体部门，也缺乏创新的动力，集团效益不好，对半导体部门的研发支持也会相应减少。加之日本传统的终身雇佣制，年轻人以进入大厂工作一辈子为目标。日本大集团之外很难见到美国硅谷式半导体创业的星星之火。

所谓"成也萧何，败也萧何"，正准确地描述了日本半导体产业的模式。

20.1.3 失之二：过度退让导致出路全无

《三体》中有一个经典故事。

在三号星球上的新人类发现所在星球的坐标暴露了以后，为避免被宇宙中其他高等级文明摧毁，选择将三号星球的光速降低为第三宇宙速度（脱离太阳系的最低飞行速度）。在低光速条件下，该星球的一切物质都无法逃离星球引力的束缚，无论其科技如何发展，也无法对外扩张，无法威胁到宇宙其他文明。《三体》中称低光速覆盖下的星球为"光墓"，光墓外的高等文明不会浪费资源去攻击他们。因此"光墓"就是一个可靠的宇宙安全声明。

1987年的《美日半导体协议》仿若日本半导体产业的"光墓"。按照协议，日本企业需限制本国企业半导体产量、提高半导体产品售价、设定外资企业在日本半导体市场的最低比例，这些都是主动大幅降低自身市场竞争力的举措，实有一代绝顶高手自废武功、退隐武林的意思。这又何尝不是《三体》中三号星球主动制造"光墓"以向高等文明表白自身无害，求得一席生存之地，避免被高等文明彻底摧毁的翻版？

由于日本的全面退让，美国联手韩国，重组了全球半导体产业链，迫使日本从半导体王座上滑落，使一支曾经严重威胁美国半导体霸主地位的产业力量元气大伤，当年长年雄踞榜首的存储产业更是消失的几乎干干净净。

20.2 韩国：执着-全面-要可控

20.2.1 得

强大的政策工具以及中央集权的国家结构，是韩国能推动半导体产业以惊人速度发展的动因。

半导体产业是新兴工业化国家韩国取得的最引人注目的成功案

例。韩国企业在非常短的时间内取得了半导体产业的一席之地，甚至主导了存储芯片市场。以三星为例，1984年三星在存储芯片市场的份额几乎为零，但到1986年，已经增长到1.4%，到1988年，增长到5.6%，到1993年，获得了10.2%的世界市场份额，1994年，三星成为MOS存储芯片及DRAM领域的全球市场领导者。从零起步到问鼎全球，三星只用了10年光阴。

韩国发展半导体产业的初衷，并不是我们今天以为的考虑到产业的战略地位，而仅仅是为了增加外汇收入。在20世纪70年代末80年代初，韩国财政非常困难，日本半导体出口创汇，深深刺激了韩国政府。因而韩国几乎所有半导体产业扶持政策都附带了一个重要条件，即申请公司从一开始就必须出口其产品，并证明其出口业绩。

政策的总体目标是鼓励大型企业，特别是财阀进入半导体领域，政府从潜在的进入者中挑选，向他们提供优惠贷款、减税和其他奖励。在各种扶持政策中，最重要和最经常使用的政策是强有力的信贷工具，新进入半导体产业的公司甚至能获得实际利率为负的贷款。在20世纪70年代后期，韩国通过信贷手段将巨额的资本注入半导体行业，在根本上改变了大型财团的投资环境。这些政策性贷款在韩国各大银行所有贷款中的占比一度高达60%。

这种出口绩效考核本质上是国家与企业的相互补贴，对接受补贴的企业产生了提高生产效率、强化对外出口的积极压力，使其产品能够在国际市场上销售。这种以结果为导向的激励措施，迥异于常见的研发前补贴，笔者称之为"狼性激励"。

当然，也有观点认为，韩国半导体产业的崛起，与1974年前后敢于对合资企业下手有很大关系。日本三洋当时在韩国有着庞大的半导体合资企业。韩国政府在日本三洋完成对韩国三星的技术转移后，即修改外资投资法规，坚持不对合资企业开放韩国国内市场，最终迫使日本三洋和NEC两大巨头中止了在韩国的半导体投资，全面退出韩国市场。韩国20世纪70年代政局动荡，政策多变。在今天全球一体化时代，我国政府在全球有着招商引资的极好口碑，韩国半个世纪前的做法却不是我国所能够学习的。

20.2.2 失之一：产业链上，布局装备材料偏晚

2018年，韩国从日本进口的精密化学材料、晶圆片、集成电路制造设备分别增长了29.3%、51%和8.1%，这表明韩国半导体产业无论是装备，还是材料，均对邻国日本有非常强的依赖性。2019年7月，日本经济产业省宣布，"氟聚酰亚胺""光刻胶"和"高纯度氟化氢"三种材料将限制向韩国出口。这三个产品恰恰是两大高科技产业面板和半导体的核心原材料，这条限制令引起了韩国的极大危机感。

与日本从20世纪50~70年代即开始布局装备和材料不同，韩国到1982年才提出半导体产业自给自足；直到2009年底，才开始重点推进低温化学气相沉积、蚀刻设备、铜制程化学机械研磨设备、关键点测量设备、离子掺杂设备等韩国本土产品的推广。究其原因，正如笔者在前文所述，韩国政府将巨量的资源投入到大集团，少有惠及中小企业的政策，对中小型半导体企业的发展颇为不利，半导体设备和材料创业企业很难得到政府方面的集中资源倾斜。事实上，韩国半导体产业发展的极度不均衡，很大程度上可以归根到这种国家与财团互惠补贴的政策安排。

也正因为此，韩国设备和材料相关企业，大半来自于国内半导体制造企业发展壮大后进行业务拆分或者团队创业。目前韩国已有部分设备和少部分材料实现了国产化，但尚未出现世界级的设备企业或是材料企业。

这里就有一个值得思考的问题：

半导体霸主美国有没有意愿给韩国一个机会，使其再创一个完整的半导体产业帝国？就像曾经的日本一样。

20.2.3 失之二：芯片产业上，渐失自主权

三星是韩国半导体的骄傲。1997年金融危机之后，韩国大型财

团股权向外资开放,今天的三星已经是一家韩国境外资本占主导权的企业。

三星约55%股权由外资持有,主要是美国华尔街资本,包括了花旗银行和摩根士丹利。因此,以三星为代表的韩国半导体产业,某种程度上是在给华尔街打工,失去了韩国自身半导体产业的独立自主。

与日本相比:日本的半导体产业保留了较强的独立自主性。日本半导体巨头均从属于相应的大型财团,以东京交易所上市为主,股权结构相对简单,少有大型企业由美国资本大量持股。

与我国台湾地区相比:我国台湾地区的半导体产业较缺乏独立自主性。全球第一大代工企业台积电,我国台湾本土持股比例仅约20%,其他持股以美国花旗、美国摩根大通等为主。知名芯片设计企业联发科,我国台湾本土股权有限,前十大股东大半为境外资本。

20.3 新加坡:集聚-培育-不放手

20.3.1 得

新加坡凭借其长期的、持续的半导体产业开放政策,成为全球公认的外资半导体企业发展最成功的国家,一直以来都是全球半导体行业的产业重镇和亚洲桥头堡。虽然国土面积甚至小于我国香港地区的小岛屿,但新加坡曾长期雄踞亚洲第二大集成电路生产中心,2009年新加坡集成电路产值占到全球的11.2%,是公认的亚洲硅谷。

新加坡于1965年独立,1968年美国国家半导体公司即开设了新加坡第一家半导体工厂,美国仙童半导体和美国德州仪器紧追其后,这三家半导体公司在短短三年内创造了7000多个工作岗位。

新加坡政府对吸引国外半导体企业落地不遗余力。在资金方面,在20世纪90年代即设立了一个20亿新元规模的半导体产业发展基金,目的是促成产业群聚的形成,健全产业的整体结构。在配套方面,对于每一个前来投资的外资半导体企业,从投资建厂前的规划评估,到水、电、土地等建设条件落实,甚至长远的财务规划等,新加坡经济发展局都有一系列的完整规划。到2010年,新加坡半导体企业数量超过300家,以境外企业为主,包括40家芯片设计企业、22家芯片制造企业、20家封装测试公司以及设备和材料等周边企业,形成了一个较为成熟的产业生态环境。

与此同时,新加坡政府强势扶持培育了三家颇有规模的本土企业——特许半导体、联合科技和星朋科技,其中特许半导体排名全球芯片代工厂第三,联合科技、星朋科技一度在全球半导体封装测试企业中排名第四、第五。

20.3.2 失

新加坡半导体产业未能坚持自主发展,快速失去自主权的过程,也正是其从半导体强国渐趋于平庸的历程。

20世纪90年代,新加坡一直坚持制造业比例不低于25%的产业结构,这也造就了半导体产业的辉煌,成功地把半导体打造成为两大支柱产业之一。21世纪以来,新加坡基于多方面的原因,最终不再倾力投资半导体产业。一是新加坡本身在调整产业结构,开始大力提升电子信息服务、金融服务等新兴服务业比重,制造业有边缘化趋势。二是由于韩国、中国、中东地区等的入局,半导体产业竞争加剧,新加坡有半导体战略大撤退的压力。三是我国上海、北京等地企业对半导体人才的优惠政策极具吸引力,2005年前是我国大量半导体人才蜂拥至新加坡,2005年后,则是新加坡半导体人才回归我国居多。

从2009年至今,新加坡陆续卖掉了本土的三家世界级半导体公司。2009年,特许半导体被美国格罗方德公司收购,成为一个制造中心和成本中心,而不再是总部和利润中心。从此,当人们再次提起新加坡半导体时,已经很难想到这个亚洲硅谷还有哪个知名的半导体企业,更多的会说其曾经如何。

一个完全没有自主骨干企业的城市,今后要支撑起亚洲硅谷的美誉将愈加艰难。

第 21 章　合作共赢是永恒的主题

当前我国半导体产业发展的最主要矛盾是国际同行已经高度垄断的产业环境与本土企业仍然单兵作战之间的深刻矛盾,我们面临着史无前例的不对称竞争。

半导体产业政策,不外乎钱的政策、人的政策。然而,当前最急缺、最重要的政策,是推动单兵合起来干的政策。

21.1　我国的产业政策

21.1.1　国发18号文

在我国集成电路产业发展史上,有这么一个文件,它掀开了我国集成电路产业蓬勃发展的新篇章。这就是《国务院关于印发鼓励软件产业和集成电路产业发展若干政策的通知》(国发〔2000〕18号),业内习惯于简称"18号文"。后续的《国务院关于印发进一步鼓励软件产业和集成电路产业发展若干政策的通知》(国发〔2011〕4号,简称"4号文"),则是18号文的延续。

以18号文为代表的我国集成电路产业政策,对内资、外资一视同仁,并且不要求外资企业通过合资落地,不以技术转移为外资企业在华发展条件,产业政策在开放性、公平性等方面远超过集成电路产业起步期和发展期的日、韩等国的产业政策。

21.1.2　上海54号文

笔者非常推崇"得制造者得天下"的集成电路产业发展理念。

关于这一点，政策制订最早、也最有力的是上海市，我国集成电路制造最大的受益者也是上海市。

2000 年 18 号文在大型集成电路制造项目方面，是原则性阐述："国家大力支持重要的软件和集成电路项目建设"，没有做明确表述。上海市则于同年公开印发《关于本市鼓励软件产业和集成电路产业发展的若干政策规定》（沪府发〔2000〕54 号），让集成电路制造政策变得非常有操作性，并且同样不区分内资、外资，一视同仁，保证了政策的公平性。具体包括：①新建的芯片、掩膜、封装、测试等集成电路制造及相关项目，经认定后给予扶持。②将新建的集成电路芯片生产线项目，列为市政府重大工程项目。③对新建的集成电路芯片生产项目，自认定之日起 3 年内，免收相关费用。④海关、出入境检验检疫、机场等单位建立全天候预约制度，为集成电路企业进出口货物设立特快专门报关窗口，提供 10 小时内取、发货便利。⑤由市重组办积极会同有关部门做好符合条件的集成电路企业在境内外上市的工作。鼓励集成电路企业参与上市公司资产重组。⑥支持上市的集成电路企业通过兼并、收购、增发等方式，扩大规模。

上海相对兄弟省市的超前布局，良好的集成电路制造政策，夯实了上海作为中芯国际、华虹双子星总部所在地的坚实地位，成为上海集成电路全产业链发展的基石。

21.1.3 三驾马车

目前，综合部门、产业部门、科技部门，组成了我国集成电路产业的推进的三驾马车。

综合部门牵头进行窗口指导，重点是阻断低水平重复建设，避免造成整个社会资源的极大浪费；遏制部分地方政府对集成电路项目的盲目支持冲动，维护我国集成电路产业开放、公平、健康的良好产业环境。

科技部门牵头进行前瞻性技术布局。

产业部门通过市场化方式，推动整个集成电路产业的规模化发展。

21.1.4 弥补短板

过去多年来，我国集成电路产业的普惠政策一直都有，譬如国家对集成电路芯片设计的支持一直贯穿始终，其中最具代表性的是企业所得税"两免三减半"优惠政策。然而，消费电子芯片、工业级芯片、汽车电子芯片，有着截然不同属性的应用环境，对新创立芯片企业的挑战难度亦逐层倍增。我们期待国家和地方政府层面，能因势利导，出台针对性更强的工业级芯片、汽车电子芯片的产业政策，譬如实施本书后文的整机联动战略。

最新的政策方向，是在弥补集成电路产业链短板上下功夫。

以 EDA 为例，2019 年以来国家和地方对 EDA 的发展倾注了巨大的精力。

2019 年 3 月，根据公开新闻报道，科技主管部门领导调研某 EDA 企业时指出，本土 EDA 作为国家集成电路的重要支撑仍存在很多短板，未来科技发展中的热点（如高端芯片、人工智能、智能制造）都离不开 EDA 的支撑，政府会持续关注和支持本土 EDA 的发展。

2019 年 5 月，南方某市公开印发《关于加快集成电路产业发展若干措施》，对 EDA 工具提供了双向支持政策条款：①对从事集成电路 EDA 设计工具研发的企业，每年给予 EDA 研发费用最高 30% 的研发资助，总额不超过 3000 万元。②对集成电路设计企业购买 EDA 设计工具软件的，按照实际发生费用的 20% 给予资助，每个企业年度资助总额不超过 300 万元。

2019 年 10 月，东部某自贸试验区公开发布了集聚发展集成电路产业若干措施，其中大力支持 EDA 工具的购买和研发。①对购买 EDA 设计工具软件（含软件升级费用）的企业并实际在区内开展办公研发的企业，按照实际发生费用的 50%，给予年度最高 200 万元的支持。②对在新片区从事集成电路 EDA 设计工具研发的企业，给予 EDA 研发费用最高 50% 的年度研发资助，总额不超过 3000 万元。

另一个需要弥补的短板是装备材料。

装备自主化是封装和测试性能达到国际先进水平乃至领先水平的重要前提条件。国家和地方在资源有限的背景下，前期聚焦支持集成电路芯片制造环节的设备研制，在集成电路封装和测试装备上着力并不多，这很容易导致相关产业大而不强，规模上是如假包换的第一梯队、技术能级上却在第一梯队的门槛上徘徊。

装备的关键在于有人帮着测、有人愿意试、有人敢于使用。

2015年，上海出台了《上海市高端智能装备首台突破和示范应用专项支持实施细则》，针对包括集成电路装备在内的首台套重大技术装备保险补偿机制制定了地方配套政策，对符合要求的国际、国内及上海市首台套、首批次高端智能装备均给予市财政补贴。

2018年，国家发展改革委发布《关于促进首台（套）重大技术装备示范应用的意见》，从资金支持、税收导向、金融服务等角度对首台（套）装备进行正向激励，从实施首台套保险补偿政策角度进行反向兜底。

笔者以为，就集成电路装备、材料而言，相关产业政策目前还处于初步探索阶段，期待后续更针对细分领域行业规律的政策出台。

21.1.5　尊重规律

尊重规律的主要着眼点就是政策需要考虑到产业具体领域内部的运营规律。就大型制造项目而言，这是一个需要供应链体系支撑、技术支撑、上下游资源支撑的庞大工程。因此，目前应该考虑遏制只有团队没有实体依托的新建大型制造项目，包括芯片代工制造、大型IDM、大型封装生产线、大型测试生产线。

笔者观察认为，近年来我国的新建大型制造项目，约有$\frac{1}{3}$是一开始发起团队就明白项目很难成功，$\frac{1}{3}$是一开始发起团队非常期望成功但客观条件注定难以成功，$\frac{1}{3}$是发起团队努力争取落实条件后很有可能成功。而前 $\frac{2}{3}$，大部分是只有团队没有实体依托的新建大型制造项目。因此，建议支持本土龙头企业通过新建大型制造项目扩大规模，案例如华虹无锡、中芯绍兴；支持投资并购境外特色工艺企业，进而在境内扩大产能。

具体可以从三方面考虑：其一，我国已经不再是 2000 年前后大型制造项目基本空白的年代，产业链复杂度和国际环境复杂度均大幅提高；其二，产业经验表明，只有团队的大型制造往往要走 5~10 年的弯路，而我国已有众多初具规模的制造企业，在相关领域地方政府已经没有必要通过没有实体依托的团队尝试摸着石头过河发展集成电路产业；其三，经过数十年的发展，我国的大型制造到了需要做大规模的关键时刻，遍地开花式的大型制造独立主体并不符合产业发展规律，也不符合国家利益。

注意也有一个例外情形，即我国完全空白的细分方向和领域仍要单独考虑。

21.2 全球集成电路产业并非完全竞争的市场

21.2.1 政府的定位

集成电路产业在国家产业中是一个怎样的定位？

政府在集成电路产业发展应该扮演什么样的角色？

2017 年 1 月，美国总统科技顾问委员会在其公开报告《确保美国半导体的长期领导地位》里给出了明确的答案：

- 半导体是国家战略性、基础性和先导性产业。
- 全球半导体市场从来就不是一个完全竞争的市场。
- 一个极具竞争力的本土半导体产业是创新和安全的保证。
- 政府对研发的支持，是推动半导体创新的根本。
- 政府对先进技术的投资能加速创新，最后将回馈政府。

- 需要产业界、学术界和政府三方联合应对外部挑战。

我国台湾地区《电子时报》社长黄钦勇 2020 年在 G2 非凡论坛上，表示半导体未来将有很大的变化。最大的变化是，半导体越来越是一个权贵的游戏。一座 12 英寸的芯片制造工厂，按照 7 纳米、月产 10 万片规划，投入将不低于 180 亿美元。因此，**只有倾全国之力，将这个产业做到全世界都无可替代的时候，企业才能活得下来。半导体行业，以后就是国家力量与国家力量的对抗，背后没有国家力量支持的半导体企业，没一个活得下去。**

黄社长的话与美国报告《确保美国半导体的长期领导地位》中关于国家与集成电路产业的关系论述有异曲同工之妙。再联系韩国、日本、新加坡集成电路产业的成长史，进一步联系美国 20 世纪 80 年代末发起的美日"半导体战争"，可见国家与集成电路产业之紧密不可分。

21.2.2 差异化的研发策略

政府支持集成电路产业发展不宜盲目，应该将有限的资源用在最需要投入的地方，所谓好钢用在刀刃上。我们从企业的三类技术来分析政府、企业如何在产业中合作共赢。

第一类技术，即开发一代产品，用于满足当前 1~2 年的应用需求。对于这类技术，政府没有必要给予过度的资金扶持，但可以在市场衔接上做一些工作，譬如后续我们将分析的整机联动。

第二类技术，即储备一代产品，用于支撑 2~3 年后的新产品需要。对于这类技术，政府有必要给予一定的研发扶持，缩短技术开发的进程，提高技术开发的效率。

第三类技术，即前瞻性布局一代技术，用于应对行业可能的革命性变化。对于这类技术，政府应该承担起主要的资源投入责任。

对于发达国家，大部分骨干企业均有能力从事第一类技术和第二类技术开发。因此，政府投入的资源多用于第三类技术，一方面企业没那么多资金和精力投入未来研发，另一方面一旦前瞻性研发有了突破则是全行业的颠覆性产业革命,是国家级的技术跨越,社会效益巨大,也符合政府的投资预期。对于我国来说,集成电路产业总体上还处于追赶状态,相当一部分企业在第一类技术投入上都有些捉襟见肘,政府需要承担起更多的第二类技术、第三类技术的投资责任。

21.2.3 协会是桥梁

行业协会是政府部门的参谋,是政府与企业之间的桥梁,政策制订、标准制订和产业朝前发展的推动者。

政府的产业政策扶持是所有国家和地区发展集成电路产业必不可少的重要条件(可以参考本书日本篇中美国半导体行业协会在本国集成电路产业发展中的重要作用)。行业协会可以听取产业界的呼声,汇总、分析、整理给政府部门,推动国家出台贴近企业真实需求的产业政策。在政策出台后,行业协会负责向从业企业和人员解读,确保政策落到实处,企业得到实惠。

中国电子学会(Chinese Institute of Electronics)成立于1962年,现拥有个人会员10万余人,团体会员600多个,专业分会45个,专家委员会13个,工作委员会9个,是中国科协的重要组成部分,工作人员近5000人。中国电子学会的45个专业分会覆盖了半导体、计算机、通信、雷达、导航、微波、广播电视、电子测量、信号处理、电磁兼容、电子元件、电子材料等电子信息科学技术的所有领域,在我国集成电路产业发展过程中有着重要的影响力。

中国半导体行业协会成立于1990年,是由全国从事集成电路、半导体分立器件、半导体材料和设备的生产、设计、科研、开发、经营、应用、教学的单位及其他相关的企事业单位自愿参加的、非营利性的、行业自律的全国性社会团体,不受地区、部门和所有制的限制,具有社会团体法人资格。中国半导体行业协会每年牵头组办"中国国际半导体博览会暨高峰论坛(IC China)",已成为国内外具有一定影响力的半导体业界盛会。为从事集成电路设计、芯片加工、封装测试、半导体专用设备、半导体专用材料、半导体分立器件的海内外厂商，企事业单位搭建了一个展示最新成果，打造产品品牌的平台。而且聚焦产业政策解读，涵盖"体制创新、模式创新、技术创新"等内容的高峰论坛和专题研讨会，在业界有着极佳的口碑和知名度。

中国半导体行业协会下属分会对产业亦有显著的推动力。

集成电路设计分会正式成立于 2001 年 5 月。其前身为中国 ICCAD 联谊会，1995 年成立，是由我国最早一批从事集成电路设计的企事业单位自愿参加并发起成立的，经国家民政部批准不以营利为目的非法人资格社会团体。自 1995 年组织召开第一次中国 ICCAD 联谊会以来，曾先后分别在上海、深圳、北京、杭州、成都、武汉、西安、珠海、大连、厦门、无锡、重庆、合肥、香港、天津、长沙、南京等地举办了多场 IC 设计年会并使之成为每年一届的例会，会议规模已近 2000 人，在海内外取得了较大行业影响和良好口碑。

集成电路分会则连续举办了 22 届中国集成电路制造年会，这是我国集成电路制造产业链上最具影响力的权威研讨会。

封装分会 2003 年于上海成立，已连续举办了 17 届中国半导体封装测试技术与市场年会。

中国国际咨询工程公司是国内最大的综合咨询机构，其高技术产业部承担了我国集成电路窗口指导的具体工作，也是国家重大政策制定、重大项目实施的重要起草机构。

赛迪研究院为工业和信息化部的直属机构，其集成电路研究所致力于成为我国集成电路产业的思想库，为政府提供政策咨询服务、为行业企业提供研究规划服务。

此外，地方行业协会也在积极服务于产业发展。举例来说，2013 年上海集成电路行业协会反复调研，收集企业普遍反映的国家支持产业发展不够聚焦等问题，协会会同若干骨干企业，与中国半导体行业协会和相关政府部门汇报沟通，最终推动国家出台了若干重大举措。

21.3 产业链加强协同

21.3.1 工具与设计制造的协同

EDA 工具和国外差距大，一方面固然有国外起步早的先发优势，另一方面，也是因为国内产业链协同尚不充分。

EDA 工具的发展需要全产业链的配合，原因如下：

一是 EDA 工具与下游芯片制造工艺关系紧密。EDA 工具仿真的结果，与芯片制造企业的具体工艺细节息息相关。三大 EDA 工具龙头企业，都是在与全球各大芯片制造企业的密切交流中成长起来的。而我国先进工艺多引进于境外，不少还签署了限制协议，只有先进制造工艺不断实现自主发展，才有望帮助我国本土 EDA 工具实现更大提升。

二是开发出性能优越的 EDA 工具，要有良好的算法，这对数学要求很高。但由于数学这类纯理论不赚钱，很多数学人才纷纷改行去赚钱快的行业；至于拥有丰富半导体经验的数学人才，则更为稀缺。

三是产业生态尚未建立，国内客户愿意吃第一口螃蟹的较少。EDA 工具一旦缺乏用户的反馈，将难以提高产品品质。国产 EDA 工具多从科研院所起步，是在特定历史环境下行政引导的产物，近年来刚与市场融合，开始接地气，需要客户的长期信任和使用回馈。

总体上我国 EDA 产业正在良性发展，未来将有能力开发出有国际竞争力的拳头产品，并进入国际一线大厂。我国 EDA 企业将在本土设计/制造大厂的驱动下，有针对性地补全，利用资本合规合法地整合和引进先进技术和团队，同时基于我国市场创造新的产品生态和新的市场，是正确的发展之路。展望未来，我国将会出现超过不止一家 EDA 头部企业，并且是有盈利、具备上市潜力的 EDA 公司；虽然被认为"卡脖子"，但我国 EDA 会更开放，有更多有机整合和与国际 EDA 巨头更多的合作；EDA 产业需要政府和上下游的支持，但也不需要拔苗助长，经过市场认证的技术终将成功，会有更多产品走向国际市场。

21.3.2　材料与制造的协同

让半导体材料进入制造企业供应链是一个漫长而系统的工作。半导体材料需要在制造企业反复试用，才能在品质上做到与制造企业的设备、工艺完全衔接。对于制造企业，支持本土半导体材料的使用，是一种用短期付出换取长期收益的策略。材料供应链的本土化，不仅有利于制造成本的控制和服务的快速及时响应，也可以避免在特定国际形势下由于境外原材料受限对产能产生较大影响。

本土芯片制造产业形成规模以后，自然会提出对半导体材料替换的需求，既可以降成本，也可以获得便捷的本地服务，这也是几乎所有产业壮大后对上游供应链的客观需求。政府在这其中可以发挥多方面作用：一是加强基础研究的投入，材料是基础科学，需要大量的基础研发工作；二是鼓励材料方面的创业和投资，材料在产生销售之前需要认证的周期也比较长，而且在形成销售之前还要保证一定的产能，前期投入较大，需要有持续的创业资金支持；三是营造企业并购和境外收购技术的良好环境，毕竟单一品种的材料企业，很难形成规模，需要多种材料组成产品系列打组合拳。

对政府而言，探索对新产品应用的保险制度，也是鼓励本土材料、本土设备得以推广应用的一个有效途径。

21.3.3　设备与制造的协同

半导体设备需要持续进行迭代升级才能完成进化。由于半导体设备与芯片加工制造之间的紧密关系，设备要想不断升级提升，必须在芯片加工制造中得到充分的磨砺，在主流客户的生产线上与其他设备一起进行调试和协同工作。而芯片加工制造有利于半导体设备的技术提高和成熟度完善，并且可帮助设备企业获得稳定的运营数据，有助于设备企业低成本运营,并有望较快速地获取新客户。

设备与制造协同的鲜活案例,是我国封装装备的倒挂发展。封装光刻机、刻蚀、PVD 等先进设备顺利实现国产,而传统封装设备几乎完全依赖进口。其原因还在于未能得到足够政策重视,传统封装设备虽然技术难度与设备精度可能低于先进封装设备,但要是缺乏来自主流客户的验证机会,一样发展缓慢。

拥有更多的本土的设备供应商对芯片加工制造企业来说也是意义非凡的。一是设备获取成本降低,目前我国境内企业购买境外半导体设备,普遍比台积电、英特尔、三星等购买高出若干个百分点,其中固然有规模采购的议价因素,也有供应商独家垄断缺乏竞争导致价格偏高的原因;二是就近服务能力提升,备品备件储备占用资金减少,故障排除恢复周期显著缩短;三是能配合芯片制造企业领先一步开发先进工艺,配合芯片制造企业专门定制特色工艺,有效提升芯片制造企业的技术竞争力和产品竞争力。

21.4 整机联动的实践

21.4.1 原理

整机联动就是以整机升级推动芯片的研发,以芯片的研发推动整机的升级,打造芯片与整机互动发展的大产业链。

集成电路芯片产品的起因和归宿都在于电子系统和相应的智能终端、汽车、工业、航空航天等整机市场。离开整机系统的应用,芯片是没有依托的浮萍,同样,没有强有力芯片产品的支撑支持,整机系统也缺乏全球范围内的核心竞争力。所以,抓住整机业与集成电路产业特别是设计业的联动,形成从集成电路芯片设计到产业化应用的大产业链环境,是解决芯片产品产业化出路、快速做大芯片设计产业规模、提升区域乃至国家工业水平的切实有效方法。

21.4.2 案例

城市层面的实践——上海市。

2004年,上海市经济委员会和上海市信息化委员会根据突出重点、自主创新、强调联动、发展产业的原则,组织了上海市促进整机业与集成电路设计业联动专项。为充分发挥上海集成电路设计业的技术优势,进一步提升集成电路设计应用水平,加速集聚"十一五"期间重点产业群的建设和完善产业链,选择"十一五"期间重大产业、新兴产业热点产品中的关键芯片、核心芯片开展设计和产业化攻关,目标是形成一批具有自主知识产权的关键芯片和核心芯片,提高整机产品的技术档次和竞争力,从而形成整机业与集成电路设计业的良性互动发展局面。

企业层面的实践——海思。

海思成立于2004年,其英文名是HI-SILICON,其实就是华为半导体(HUAWEI-SILICON)的缩写。1991年,华为技术即成立了自己的ASIC设计中心,负责设计专用集成电路。1993年,ASIC设计中心成功研发出华为的第一块数字ASIC,随后分别在1996年、2000年、2003年,研发成功十万门级、百万门级、千万门级的ASIC。2003年,华为销售收入达到317亿元,于是在ASIC设计中心的基础上,成立了深圳市海思半导体有限公司。海思的产品并不限于手机芯片,还包括移动通信系统设备芯片、传输网络设备芯片、家庭数字设备芯片等,以数字芯片为主,基本上华为需要什么数字芯片,海思就研发什么芯片。

海思作为一家仅向华为技术供货的芯片厂商,外要对标高通、联发科、博通、马维尔、德州仪器的芯片解决方案,内要与归国团队展讯通信(2001年设立)、央企资深团队联芯科技(2003年设立)PK手机基带芯片。最终海思一路狂飙,成为我国芯片设计的龙头企业,这与最大也是唯一的客户华为不遗余力地给予"试错"机会是分不开的。

21.4.3 寄望

表面看上去，整机和芯片是鸡和蛋的问题，但实际上在整机和芯片联动过程中，起主导作用的是整机企业，而不是芯片设计企业。

整机企业给芯片企业带来最大的帮助并不是销售订单本身，而是提供培育生态环境的机会。众所周知，国产芯片过得比较艰难的最重要的一个原因是缺乏可以依托的生态环境。在整机联动中，整机企业可以提供三个依次递进的合作模式：

一是直接向芯片厂商购买成熟的芯片产品。

二是向芯片厂商提出整机系统对芯片的功能参数、性能指标，委托芯片企业进行具体的产品研制。

三是整机厂商和芯片厂商联合研制整机所需芯片，并进行联合测试、试用，实现真正意义上的风险共担。

在第三个合作模式中，整机厂商需要真正地为芯片厂商搭建一个生态系统，芯片厂商可以与整机所需的其他所有器件供应商一起工作，避免了前两种模式经常遇到的产品参数很优异，但就是无法在整机中进行无缝衔接匹配的困境。这种模式在国际上应用颇多，以汽车用芯片为例，汽车电子方案导入周期长，质量要求高，汽车厂商对系统需求有极强的控制能力，国际上通常采用合作开发或者战略联盟的模式，形成汽车主机公司、电子模块厂及半导体公司之间紧密的战略联盟关系，客户需求定制，降低芯片成本，维护稳定的供应渠道关系。

海思模式能否推广？笔者以为取决于各个领域的龙头整机企业是否有强大的决心和执行力：

其一是家电联盟，能否相约拿出每款芯片需求的一定比例给本土企业练手。

其二是新能源汽车领域，我国最大的汽车动力电池厂商宁德时代计划未来10年内，采购3亿颗汽车电芯采样芯片，3000万颗车用MCU，采购额将超过15亿美元，能不能实践整机联动？国家在其中可作为之处甚多,譬如提供量产前的产品保险,提供适当的前瞻性研发资助。

其三是传统汽车领域,合资厂商能否从外方手中争取部分芯片的自行采购权。

其四是平板显示,这是我国的优势产业,驱动芯片等能否探索合作开发模式。

新基建为芯片的整机联动提供了绝佳的舞台。国家大力推动新基建相关产业的发展,并将带动上下游产业对于集成电路产业的需求,成为带动集成电路上下游产业链的强大牵引力。因此,国家和地方有望通过5G、人工智能、大数据中心、智能交通、智慧能源等新基建建设,实施整机联动,在新基建的相关项目、重大工程中,为本土芯片设计公司提供参与定义和试用国产芯片的机会,进而解决本土芯片业发展中的难点和痛点问题。

21.5 共性平台的意义

共性技术平台是材料、设备、工艺融合的最佳场所。

"共性技术"指的是上一代产品未采用,而下一代产品必须采用、并且可有多种应用的关键技术。在一些综合性非常强的技术领域,从技术发明到产品应用必须有三个阶段的布局,即原创技术、共性技术、产品技术。共性技术吸收了多种原创技术,又可应用于各种产品技术,是创新的关键一环。以集成电路为例,从20世纪90年代末替代铝的铜互连工艺,到目前替代平面结构晶体管的立体结构FinFET晶体管工艺,都是基于物理、化学、电子等多学科综合创新后产生的共性技术,已成为目前制造处理器、存储器等各类芯片的核心技术。

21.5.1 我国境外的成功典范

1. 美国半导体制造技术科研联合体

美国半导体制造技术科研联合体简称"SEMATECH"(Semiconductor Manufacturing Technology Research Consorti 微米），成立于1987年，是美国国防部和美国半导体协会共同牵头组建的半导体制造工艺研究机构。SEMATECH成立的背景是20世纪70年代后期，日本公司在半导体市场所占份额不断增加，开始逐渐威胁到美国在全球的地位。美国政府意识到，无论从商业角度还是国家安全角度，美国都不能将大规模集成电路制造技术拱手让人，因此需要积聚力量发展集成电路大规模制造技术。SEMATECH首任董事长由英特尔公司创始人诺伊斯出任，研究所一半经费来自于美国政府，另一半来自于成员企业，研究成果在各成员企业和美国政府之间共享。SEMATECH成立后极大提升了美国集成电路技术创新能力，加快了美国集成电路的技术进步步伐。5年以后的1992年，美国从日本手里夺回了半导体设备市场世界第一的称号，应用材料公司成为全球半导体设备市场上最大的龙头老大，英特尔公司也重夺半导体全球第一的宝座。

2. 欧洲微电子研究中心

欧洲微电子研究中心又称欧洲跨高校微电子研究中心（Inter-University Microelectronics Centre，IMEC），最初只是比利时弗兰芒地方政府1984年在鲁汶大学微电子系的基础上成立的一个非营利性组织。IMEC秉承"研究开发超前产业需求3~10年的微电子和信息通讯技术"的使命，已经发展成了一个世界领先的国际化微电子研究机构，在半导体先进工艺领域，一直在为全球半导体产业技术开发、成果转化、人才培养提供重要贡献。

3. 日本极大规模制造技术研究所

日本极大规模制造技术研究所又称"VLSI技术研究所"。这是"设备+材料+工艺"一体化研发的典范。正如前文所述，整个研究所攻关体系由6个研究室构成，其中一、二、三、五研究室负责设备和工艺，四负责材料，五负责封装和工艺。

4. 中国台湾工业技术研究院

我国台湾地区的工业技术研究院（简称"工研院"）成立于1973年，是非营利的研究服务机构。工研院下设7个研究所、3个技术发展中心，即化学工业研究所、电子工业研究所、机械工业研究所、工业材料研究所、能源与资源研究所、光电工业研究所、电脑与通讯工业研究所、量测技术发展中心、工业安全卫生技术发展中心、航空与太空工业技术发展中心。工研院以市场需求为导向，在世界各地进行技术购买和信息追踪，获得先进技术后在工研院平台上发展，然后再转让给企业，从而节省了大量资金和时间成本。

工研院代表我国台湾地区承接美国RCA公司的集成电路技术转移。1976年，工研院组建了19人的赴美取经团队，共分成设计、制造、测试、设备4个小组。1977年，工研院打造了台湾首座集成电路示范工厂，产品良率在营运的第6个月高达70%，远高于技术转移母厂RCA公司的5成。1980年决定将示范工厂产业化，将4英寸工艺转移设立台联电。1985年邀请美国德州仪器公司全球副总裁张忠谋加盟担任工研院院长，1986年建成全球最先进的6英寸实验工厂，1987年孵化设立台积电。

21.5.2 我国境内的初步尝试

2002年以来，我国已经组建了多家带有共性技术平台性质的非营利机构。按设立时间先后顺序，集成电路共性技术平台依次为：

1. 国家集成电路研发中心（国家级）

依托主体为上海集成电路研发中心有限公司，成立于2002年，由国家发展改革委等六部委联合批复设立。

该中心拥有一条12英寸集成电路工艺引导线和研发平台。已研发完成55-28-14纳米相关工艺技术，正在研发10纳米及以下先进工艺技术，为多家芯片制造和设计企业、设备和材料企业提供了先进技术转移和评价服务，成为先进工艺研发及装备和材料评价验证的主要共性技术平台。

2. 上海微技术工业研究院

上海微技术工业研究院是中国科学院上海微系统与信息技术研究所与上海市嘉定区人民政府于2013年共同发起成立，简称"微工院"。

微工院拥有一条 8 英寸 MEMS 研发线,可加工多种传感器芯片产品,包括加速度、压力、温度等。2020 年初新冠疫情期间,在上海微技术工业研究院 8 英寸线车间里,就有一场与病毒的赛跑,研发线开足马力赶制自主研发的热电堆红外温度传感器,为红外体温计提供核心器件,一定程度缓解了疫情期间红外体温计核心元器件短缺的局面。

3. 国家集成电路创新中心(国家级)

2018 年由复旦大学、中芯国际和华虹三家单位共同发起,工信部批复设立。

中心逐步吸收更多龙头企业和研究机构,打造国家集成电路共性技术研发平台,着力解决我国集成电路主流技术方向选择和可靠技术来源问题,为产业升级提供技术支撑和知识产权保护。

4. 国家智能传感器创新中心(国家级)

上海芯物微电子有限公司是国家智能传感器创新中心的承担单位,中心 2018 年由工信部批复设立。

该中心以传感器关键共性技术的研发和中试为目标,专注传感器设计集成技术、先进制造及封测工艺,布局传感器新材料、新工艺、新器件和物联网应用方案等领域,形成产、学、研、用协同创新机制,打造世界级智能传感器创新中心。中心以"公司+联盟"模式运行,其中中国传感器与物联网产业联盟已有 600 多家来自产业链各领域的代表企业。

5. 国家集成电路特色工艺及封装测试创新中心(国家级)

江苏华进半导体封装研究中心有限公司是国家集成电路特色工艺及封装测试创新中心的承担单位,于 2020 年由工信部批复设立。

中心将发挥前期在先进封装和系统集成领域的技术积累,通过集聚产业链上下游资源,突破集成电路特色工艺及封装测试领域关键共性技术,建设行业共性技术研发平台和人才培养基地。

21.5.3 共性平台的方向

国际上取得巨大成功的共性技术平台一定是以芯片制造工艺为核心,以设备、材料为攻关重点,进而惠及芯片设计的。正如我们在"产业链协同"小节中所述,产业链上的任意一个环节,都不是一个个独立的孤岛,而是紧密关联的。不存在独立于其他环节闭门造车,也不存在于仅某一个环节内部的共性技术开发合作,所有的协同,一定是产业链上下游的协同。也基于此产业规律,共性技术平台不能受限于某个特定的产业链环节。

目前我国国家级的集成电路共性技术平台都落在上海,这并不是巧合,而是必然。截至目前,我国制造、设备、材料、设计、封装、测试等全产业链最为齐全的区域是上海,上海可能还是唯一在产业链所有环节都处于我国前列的区域。正如前所述,一个能发挥重大作用的集成电路共性技术平台,制造、设备、材料这三要素必不可少,还以可覆盖和兼顾设计、封装和测试等。

在模式创新激情澎湃的年代里,上海曾因为"置身事外"而饱受非议,但非常沉稳地用了 20 多年时间,对待集成电路产业,像大人一样认真,又像孩子一样天真,极其耐心地攒了一手的"芯"牌,占据了我国本土企业近 50% 的产值,贯穿了集成电路产业链的几乎全部环节。

21.6 拥抱全球一体化

21.6.1 热情请进来

我国是全球对半导体巨头最友好的国家之一。在工具、设备、制造、材料、设计、封装、测试等各个方面,我国均没有要求任何一家企业必须合资和转移技术。以芯片制造为例,从 2003 年台积电落户上海的独资企业,到 2007 年英特尔落户大连,2012 年三星在西安设立独资企业，2016 年台积电落户南京，均没有被要求合资，更没有被要求转移技术。

全球半导体巨头已经在我国市场上收获满满。其中，**制造、设计、封装领域的龙头企业均在我国落地了一部分产能，但工具、设备、材料三个领域仍未真正请进来**。在材料领域，全球五大硅片企业，均没有在我国设立工厂。在设备领域，第一大企业美国应用材料公司在西安设立了工程和技术服务公司，在上海设立了销售公司，但尚未在我国开展设备开发、研制工作。在工具领域，则以总部所在国家为主。

近三十年，我国已引入了国际上众多优秀的集成电路企业，但部分产业链环节仍有明显缺失，他们是我国集成电路产业的重要组成部分，请进来仍有很大空间。

21.6.2 鼓励走出去

走出去并购是利人利己的举措。

利人。境外资本市场是一个敏感的、追逐最新题材的、喜新厌旧的市场。半导体技术从 20 世纪 40 年代末诞生于美国，到 20 世纪 90 年代末，相关技术大方向基本确定。笔者 2014 年曾做过一次初步统计，美国纳斯达克 2004—2013 年的十年间，新上市的半导体企业仅有 3 家，可见半导体已不再是美国高科技创业的热点所在。此外，纳斯达克已上市半导体技术公司，市盈率在 15～50 倍之间不等，几乎与机械制造等传统工业看齐，难以获得与新兴的 AI、大数据、生命科学板块媲美的高溢价。一句话，半导体领域的众多企业或是资产，在欧美已经不是香饽饽，出售给我国企业，对资本和企业本身都是很好的结局。

利己。集成电路是一个需要积累的产业，大部分产品我国并非做不出来，而是需要一定的时间去做，需要时间去测试、验证、量产。直接并购境外的成熟资产，有利于缩短企业的开发周期，更早地推出产品，更快的规模化。这方面颇有一些成功案例，典型的有建广资产、智路资本由荷兰恩智浦购得标准器件业务安世半导体，后由闻泰科技接手，闻泰科技从市值 200 亿左右的手机 ODM 企业，成功转型为市值超千亿的半导体骨干企业。此外，还有北京清芯华创收购豪威科技、武岳峰资本收购芯成半导体、智路资本收购 AMS 环境芯片业务等。

21.6.3 选择最合适的合作伙伴

最强的那个人、那个企业、那个国家和地区，未必是最合适的合作伙伴。特别当你满怀雄心壮志期待有一天会当凌绝顶时，最强的那一个，大概率是你的竞争对手，即使你做出十二分努力与其合作，亦无异于与虎谋皮。

合作共赢，落脚点一定是共赢，而不是合作，合作只是共赢的途径。简单来说，有互补+有共同需求+不削弱自身在具体合作领域竞争力的合作，就是共赢合作。

我国企业可以与韩国企业合作布局半导体材料，这是韩国的痛点，是我国的盲点，可以共赢。

我国企业可以与日本企业合作布局模拟芯片，这是日本的强项但又不如美国强大，我国是短板但拥有最大的市场，可以共赢。

我国企业可以与日本企业合作共建 12 英寸先进工艺代工生产线，这是日本的空白可以借此发展 Fabless 产业，这是我国企业的强项但距离全球先进水平有不少差距，可以共赢。

我国企业可以与日本企业合作开发下一代集成电路用材料技术。譬如某些企业开发出单晶氮化硼应用于先进制程，我国可以与日本联合开发类似技术，创造弯道超车的可能，可以共赢。

我国企业可以与欧洲企业合作开发集成电路装备，欧洲集成电路产业除了光刻机之外其他装备布局甚少，我国有庞大的资金投入可以借助欧洲雄厚的工业底蕴，可以共赢。

……

21.6.4 全球一体化下的自保之策

集成电路产业已是你中有我，我中有你。

然而，有一个无法回避的事实，那就是近年来我国在高科技领域特别是集成电路产业上受到了一定的排挤。因此，全球一体化虽是大势所在，我国应该积极拥抱，但仍需要考虑各种被动情况下的自保之策。笔者并非国际政治方面的专家，仅基于对集成电路产业的浅显认识，探讨我国在发展集成电路产业时，可以考虑的若干策略：

一是全面示弱，消除集成电路强国对我国的提防甚至仇视。本质上这是一种全面退让策略，以谦卑和主动退让，来换取产业发展的时间和空间。本策略若操作不当，容易作茧自缚，甚至自废武功。日本在20世纪80年代末采取了此策略，过往30年的历史证明，效果有适得其反之嫌。因此，此为下策。

二是全面掌握，做到在最坏的情况下国计民生不会因为芯片断供而被动。本质上这是一种自力更生策略，需要全面掌握数百种芯片产品工艺、数十类尖端设备、数十种关键材料。考虑到芯片的下游均为高度市场化竞争的消费电子、汽车电子、工业电子等，因此不但需要拥有相关芯片技术，还需要持续不断地保持每一项技术均处于全球前列，以保证最终产品具有市场竞争力。考虑到上述技术以及其上游的光学、机械、化学、力学等技术几乎覆盖了全部科技领域，因此本策略实现将意味着需要在几乎所有的科技领域都取得全球领先，操作上极其困难，属于略显消极的防御。但广播种，终有开花结果之时，此策略的一个可能收获是有望培育若干领域（不是全部领域）的核心竞争力，以及一个门类齐全的芯片工业。因此，此为中策。

三是点上突破，确保在集成电路强国威胁断供时能有与之"同生共死"的能力。此处的点上突破，并非指本土有企业在某项集成电路技术和产品上达到国际先进水平乃至国际领先水平，而是我国在集成电路产业链某个环节，或是某个具体产品上，已经成为全球95%以上产能的供应者。这个环节或产品，可以是汽车传感器、航空航天传感器、某种电子特气、某个特定装备,也可以是整个半导体测试产业、封装产业。在实现了上述点上突破后,我国将在集成电路产业拥有事实上的战略威慑,没有哪个强国敢于采取断供来扼杀我国集成电路产业,因为那也意味着自身集成电路产业链条的完全断裂。本策略与全面掌握产业方方面面全部环节相比,可实现度高,是一种积极、可行、进取的策略。因此,此为上策。

集成电路产业政策如何方算成功?笔者以为,至少有10%以上的产品,我国有、国外无,或者我国一骑绝尘、境外规模小到可有可无。到此境界,则我国集成电路工业与全球相生相存的状态得以确定。所谓**产业安全,至少需做到若对方不愿意共生,那么我方至少可以决定共死,这是核威慑在经济领域的折射**。因此,建议集成电路产业政策,可能也包括其他硬科技领域的产业政策,应该有所聚焦、全力培育若干项强大到其他国家无法望"中"项背的核心能力;韩国的存储芯片是个榜样,全世界在存储芯片上现在都唯"韩"首是瞻、礼让三分。

如此,方为融合发展基础上的自主可控发展。